변화와 소통의 성공학

변화와 소통의 성공학

변화와 소통의 성공학

• 강진영 지음 •

중앙경제평론사

성공 트렌드를 읽어라

사람들에게 어떤 가치를 추구하며 살아가느냐고 물으면 많은 사람들이 '행복'과 '성공'이라고 대답한다. 행복해지기 위해 성공하고 싶고, 성공하면 행복해진다고 믿기 때문이다. 그렇지만 어떤 삶이 행복한 삶인지, 성공의 척도는 무엇인지 선뜻 대답하지 못한다.

어떻게 하면 나는 더 행복해질 수 있을까? 가끔 이런 물음을 나 자신에게 던져보곤 한다. 내가 좋은 책을 찾아 읽고 훌륭한 강사분들의 강의를 쫓아다니는 것도 그런 맥락이 아닐까 한다. 나는 끊임없이 주변과 소통하면서 내 삶에 있어서 좋은 답을 구하려는 것이다.

분명 삶에 해답은 없다. 왜냐하면 모두가 같은 물음 앞에 놓여 있는 것도 아니고 그래서 풀어가는 공식도 같지 않기 때문이다. 인생을 어떻게 풀어갈 것인가는 각자가 찾아내야 할 키워드임에 분명하다. 그렇다 하더라도 그 여정을 풀어가는 방식과 태도, 처세에는 귀담아들을 만한 많은 조언들이 우리 주변에는 얼마든지 있다.

삶의 목표는 행복에 있다.

종교를 믿든 안 믿든, 또는 어떤 종교를 믿든

우리 모두는 언제나 더 나은 삶을 추구하고 있다.

따라서 우리의 삶은 근본적으로

행복을 향해 나아가고 있는 것이다.

그 행복은 각자의 마음 안에 있다는 것이

나의 변함없는 믿음이다.

삶이 너무 복잡해서 답답한 느낌이 들 때는

한 걸음 물러서서

우리의 궁극적인 목적이 무엇인지

떠올려보는 것이 도움이 될 것이다.

자신이 정체되어 있는 듯하고

삶이 혼란스런 느낌이 들 때면

시간을 내어 자신에게 진정으로 행복을

가져다줄 수 있는 것들을 생각하고,

그것을 바탕으로 자신에게 중요한 것들의 순서를

정하는 것도 도움이 되리라.

　이 글은 달라이 라마의 《행복론》에서 발췌한 것이다. 인간은 더 나은 삶을 추구하는 존재라는 것, 그것은 곧 행복을 향해 나아가려는 노력이라는 말에 전적으로 수긍한다. 그러니까 사람들이 '성공' 이라는 가치에 큰 의미를 부여하는 것도 사실은 행복해지기 위해서라고 할 수 있다. 만약에 자신의 성공을 설정하면서도 거기에 자기 자신의 행복한 가치를 소홀하게 둔다면 그 삶은 성공적이었다고 할 수 없을 것이다.

　사람들은 행복한 삶과 성공에 대한 청사진을 설계하면서 대부분 '현재' 와 'NOW' 를 과소평가하는 경향이 있다. '지금 이곳이 아니라면' '지금 하고 있는 이 일이 아니라면' 훨씬 더 행복해질 수 있고, 자신의 인생을 성공적으로 끌어나갈 수 있다고 생각하기 때문이다.

　성공철학의 거장인 나폴레온 힐은 '성공의 법칙' 에서 가장 중요한 목적은 자신의 분야에서 어떻게 더 유능한 존재가 될 것인가를 발견하는 데 있다고 말하고 있다. 그는 14년간 16,000명의 데이터를 통해서 실패자로 분류된 95%의 사람들이 '인생의 명확한 중점 목표' 가 없었던 반면에, 성공한 사람으로 분류된 5%는 목표가 명확했을 뿐만 아니라 그들의 목적을 달성하기 위한 확실한 계획도 있었다고 자신의 책 《성공의 법칙》에서 설명하고 있다.

　다시 말하자면 자신의 삶을 변화시키겠다는 확고한 의지와 동기 부여, 그리고 실천력이 없으면 실패하는 사람들의 부류에 포함될 수밖에 없는 것이다.

　성공한 다른 사람들의 패턴에 관심을 갖는 것은 그들이 모두 옳아서

가 아니다. 그들을 통해서 성공과 실패의 법칙을 깨닫게 됨으로써 시행착오를 줄이자는 것이다. 어느 한 분야에서 성공한 사람들의 이야기에는 중요한 성공 법칙이 존재한다. 그리고 세상의 많은 지식 리더들은 나아가 인생의 성공 법칙에 대해 설명하고 있다. 그들은 책이나 강연을 통해서 자신들이 축적한 정보와 지식을 대중과 함께 공유함으로써 대중이 자각할 수 있도록 한다.

우리가 살고 있는 현대사회는 변화하는 속도가 매우 빠르다. 하루가 다르게 새로운 이론이 쏟아져 나오고 과학과 IT 산업의 변모는 미처 적응할 시간조차 가질 여유가 없게 만든다. 그런데 경쟁구도는 더 치열해졌다. 새로움에 익숙해지기 위해 변화하지 않으면 금방 무능력자로 낙인찍힌다. 자신은 영원히 아날로그형 인간으로 남겠노라는 섣부른 낭만에 젖어 있다간 이 사회에서 쓸모없는 인간으로 취급받게 될 뿐이다.

세상이 놀라운 속도로 변하고 있는 만큼 나 자신도 거기에 맞는 감성과 트렌드를 읽어내야만 한다. 모든 성공하는 사람들은 시대의 트렌드와 키워드를 남들보다 더 일찍 찾아낸 사람들이었다. 시대의 키워드를 얼마나 잘 읽느냐보다 더 중요한 건 얼마나 더 빨리 읽느냐이다.

그런 점에서 나는 대한민국을 움직이고 있는 10명의 강사들을 통해서 그들이 어떤 강연을 하고 있으며, 그 강의에는 어떤 교훈을 담고 있는지 이 책을 통해 함께 생각해 보려고 한다. 그들은 베스트셀러의 저자이기도 한 동시에 현재 대한민국 전역을 다니면서 강연을 하는 최고의 강사들이다. 그들이 어떻게 이처럼 최고의 강사들이 되었으며 무엇을 말하고 있는지를 아는 일은 곧 우리 사회의 성공 트렌드를 읽는 일이기도 하다. 그들을 통해 대한민국에서 성공하는 삶을 살기 위한 성공 코드를 찾아내기를 바란다.

물론 이 책에 쓰인 관점은 사람에 따라 다를 수도 있을 것이다. 그러나 이 책에서 언급하고 있는 10명의 강사들이 대한민국을 움직이는 명강사가 아니라고 말할 수 있는 사람은 아무도 없을 거라고 자신 있게 말할 수 있다. 이분들 외에도 더 많은 분들을 다루고 싶었지만 안타깝게도 지면이 허락하지 않아 일단은 이분들만 다루게 되었다. 모쪼록 이 책이 많은 사람들에게 좋은 영향을 미치게 되기를 진심으로 바란다.

강진영

chapter 01

혁신 · 창조 · 자기경영
인생의 **기술**과 **지혜**를 **가르쳐주는 남자**

_ 공병호

●●● 고려대학교 경제학과를 졸업하고 미국 라이스대학에서 경제학 박사학위를 받았다. 일본 나고야대학 객원연구원, 한국경제연구원 연구위원, 자유기업센터와 자유기업원 원장, (주)코아 정보시스템의 대표이사를 지냈다.

현재는 '공병호경영연구소'를 운영하면서 전국의 기업과 단체, 기관 등에서 강연을 하는 경제경영 전문가로 인정받고 있다. 연평균 300회 내외의 강연과 자체 프로그램인 '공병호의 자기경영 아카데미'를 초, 중, 고, 일반인 반으로 나누어 매주 주말에 운영하고 있다.

저서로는 《공병호의 10대를 위한 자기경영노트》《공병호의 10년 후, 세계》《공병호의 창조경영》《인생의 기술》《공병호의 소울메이트》《공병호의 내공 : 뿌리 깊은 나무처럼》 등 70여 권이 있다.

'공병호가 아니면 안 되는'
공병호식 강의

한 강사가 직장남성들을 상대로 '능률적으로 일하는 법'에 대해 강의를 하고 나서 끝으로 이렇게 당부하였다.

강　사 : 오늘 배운 것을 집에서는 절대로 써 먹지 마십시오.

수강생 : 왜 안 되죠?

강　사 : 제가 집에서 아내가 식사 준비하는 걸 오래 지켜보았습니다. 그런데 아내가 가스레인지, 식탁 그리고 찬장 사이를 한 번에 하나씩만 들고는 너무 많이 움직이는 게 아니겠습니까? 그래서 하루는 아내에게 "여보, 한 번 움직일 때 여러 개를 한꺼번에 들고 움직이면 더 능률적이잖아" 했지요.

수강생 : 그래서 시간이 절약이 되었습니까?

강　사 : 물론입니다. 예전에는 아내가 20분 걸려 하던 걸 이제는 제가 하면서 7분으로 단축되었습니다.

지식만 전해 주고 지혜를 주지 않는다면 오히려 역효과가 날 테니 이런 '고급정보(?)'까지 알려주는 이 강사야말로 명강사인지 모른다. 이 책이 명강사들의 이야기를 다루고 있긴 하지만 명강사가 되는 건 인기강사와는 좀 다르다. 베스트셀러라고 다 좋은 책은 아니듯이 인기강사라고 해서 반드시 훌륭한 강사라고는 할 수 없다.

인기야 주부들을 대상으로 한 강좌에서 주부들 듣기 좋은 말들만 해주면 금방 "옴마야, 최고!" 하는 찬사를 들을 수 있다. 그러나 명강사는 다르다. 강의의 질과 강사로서의 품격이 누가 보더라도 일정 수준 이상이어야 한다. 그래서 인기강사들에겐 안티가 있을 수 있지만 명강사들에겐 안티가 없다. 딱히 반감을 줄 만한 요건을 제공하지 않기 때문이다.

혁신 · 창조 · 자기경영 _ 인생의 기술과 지혜를 가르쳐주는 남자

그렇다면 '공병호경영연구소'의 공병호 소장은 인기강사인가, 명강사인가? 물론 둘 다이다. 굳이 둘 중 하나를 골라야 한다면 단연 명강사 쪽이다. 그는 현재 대한민국 전국을 누비면서 '공병호가 아니면 안 되는' 공병호식 강의를 하고 있다.

그의 상상할 수 없는 박학다식과 다재다능함은 그의 강의 주제에서도 그대로 드러난다. 대부분의 명강사들은 능한 전문분야가 한두 개 정도인데 반하여 그는 전천후이다. 자기경영, 성공학, 리더십, 자녀교육법을 대표 강의로 삼고는 있지만 그 외에도 그는 대한민국에서 일어나는 많은 고민과 문제를 해결할 대안에 대하여 분명한 목소리를 가지고 있다.

그는 강의와 저술 활동을 왕성하게 펼치는 대한민국에서 몇 안 되는 명강사인 동시에 대표 지성인이다. 특히 그는 강사 중에서도 꾸준히 1년에 4~5권의 신간을 펴낼 정도로 생산적인 활동을 해 온 지가 어느 새 10여 년이 되었다.

공병호 소장은 자신의 주요 강의 주제답게 자기경영에 성공한 사람이며, 열정적이며 전략적인 저술가와 강사이기도 하다. 그의 말을 요약해서 옮기면, 그가 현재에 이를 수 있었던 데에는 이런 과정이 있었다.

나는 1960년 5월 10일 7남매 중 막내로 태어났다. 멸치를 잡는 사업을 하였던 아버지 덕택에 일찍부터 자본주의의 치열함을 보고 느끼면서 유년기를 보냈다. 아버지는 연근해 어업 가운데서 해보지 않은 것이 없을 정도로 사업을 확장하다가 부도를 당하고 재기에 성공한 경험을 가지신 분이다. 때문에 나는 사업인생의 불확실함에 놀라서 일찍부터 "사업은 절대 하지 않겠다"는 결심을 굳히게 되었다.

아버지의 사업인생은 나의 인생행로나 삶에 상당한 영향력을 행사하였다. 특히 아버지의 삶은 지식인의 길에 들어선 이후에도 '있는 그대로의 인간'을 보는 데 도움을 주었으며, 흔히 지식인들이 빠지기 쉬운 낭만주의자나 이상주의자의 길을 택하지 않도록 도와주었다.

나는 사업을 추진하였다가 2001년 7월 말에 업계를 떠나 두 달 간 중국, 미국, 대만, 말레이시아 등을 돌아본 다음 일찍부터 꿈꾸어 왔던 개인 브랜드를 건 경영연구소를 설립하기로 하였다. 그리고 2001년 10월 5일 '공병호경영연구소'로 출발하였다.

미국의 피터 드러커, 일본의 오마에 겐이치, 프랑스의 자크 아탈리와 기소르망 등을 벤치마킹하되, 경영과 경제 전반에 대해 대중적인 글과 아울러 강연, 기고, 방송, 경영컨설팅 등으로 새로운 영역을 개척해 나갔다.

첫 번째 출간한 《공병호의 자기경영노트》가 교보문고와 예스24에서 베스트셀러에 올랐다. 2004년도에는 《10년 후, 한국》을 발간하였다. 이 책은 출판 시장의 극심한 불황 속에서도 발간 5개월 만에 30만 부가 팔릴 정도로 히트작이었다.

그러니까 공병호 소장의 경우는 그의 책이 유명해지면서 본격적으로 강의를 하게 되었다고 할 수 있다. 전문강사들 중에는 자신의 저서 없이 강의를 하다가 유명해져서 책을 출판하는 경우도 있고, 공병호 소장처럼 책이 알려지면서 강연을 요청받게 되는 경우도 있다. 그런데 후자의 경우는 강사로서의 검증이 되지 않은 상태이기 때문에 잘 팔리는 책의 저

자라는 이유만으로 인기강사가 되지는 않는다.

강의를 잘한다고 해서 꼭 필력이 좋은 건 아니고, 필력이 좋다고 해서 꼭 강의를 잘하는 것만도 아니다. 그래서 종종 베스트셀러 저자들에게 강연을 요청하지만 좋은 반응을 얻는 일은 드물다. 그런데 공병호 소장의 경우는 필력 못지않게 강의가 호평을 받으면서 지금과 같은 명강사 대열에 들게 된 것이다.

그는 어떻게 매년 베스트셀러를 써낼 수 있을까? 공병호 하면 떠오르는 책들은 《10년 후, 한국》《10년 후, 세계》《대한민국 성장통》《부자 생각 빈자 생각》《공병호의 내공》《공병호의 사장학》《공병호의 초콜릿》《공병호의 소울메이트》《10년 법칙》《미래인재의 조건》 등 2001년 이후만 하더라도 그가 써낸 책은 70여 권에 이른다.

잘나가는 1인 기업가로 성공한 비결

공병호 소장은 드물게 글 쓰는 재주와 말하는 재주를 동시에 가진 인물이다. 그 이유를 찾아보는 건 어려운 일이 아니다.

🎵 열정적인 전략가이며 노력가이다

공병호 소장은 어떤 사람일까 궁금한 사람이 있다면, 그가 그동안 쓴 책의 제목만 보더라도 대충 짐작할 수 있다. 한 사람이 써냈다고 보기에는 책에서 다루는 주제의 폭이 매우 다양하기도 하거니와 출간된 책들이 많기도 하다. 출간한 책들을 보고 나면 그 다음 드는 궁금증이 있다. 과연 이 책들을 혼자 다 썼을까? 물론이다. 그의 강의를 한 번이라도 들어본 사람들은 그의 두뇌가 얼마나 비상하게 좋은지를 알 수 있다. 그는 부럽게도 머리도 좋고 열정도 있고 노력도 하는 사람인 것이다.

그가 얼마나 열심히 자신의 인생을 꾸려나가고 있는지는 그의 살아온 이력이나 출간한 책의 목록만 보더라도 알 수 있다. 그렇게 인생을 뜨거운 열정으로 발전시킬 수 있으면서 왕성하고 논리정연한 필력을 가진 사

람이 강의까지 잘한다. 결론은, 그는 명강사가 되기 위해 태어난 사람이
라는 것이다.

🔑 '척'을 하지 않는 전문가이다

공병호 소장의 책만 접하다가 강의를 듣는 사람들은 처음엔 약간 당
황할 수 있다. 그렇게 많은 책을 출간하고 대한민국에서 이름만 대면 알
수 있는 베스트셀러 저자인 것에 비하면 그의 강의는 매우 정적이기 때
문이다.

얼핏 보면 그는 수줍음을 타는 순수한 소년의 모습을 닮아 있다. 그렇
게 많은 베스트셀러를 쓰고 전국에서 강의 요청이 쇄도하는 인기강사의
의기양양이나 권위적인 모습은 조금도 찾아 볼 수 없다. 자신이 얼마나
많이 앞서가는 사람인지, 얼마나 많은 걸 생각하는 사람인지 하는 것을
외형상으로는 조금도 내색하지 않는다.

그의 목소리는 크지도 않다. 언성을 높여 상대방에게 억지로 가 닿으
려고 하지 않기 때문이다. 그저 그는 나직하고도 단정한 자세로 액션이
아닌 강의를 통해서만 수강자들과 소통한다. 그는 사람들을 웃기기 위해
과장된 행동이나 억지 유머를 구사하지도 않는다. 그렇지만 많은 사람들
은 그를 좋아하고 그의 강의에 귀를 기울인다.

그에게서 발견되는 순수함은 그의 전문적 식견에 대비되면서 큰 매력
으로 작용한다. 그와 만나본 나의 경험에 의하면 그는 '낮고 낮은 데로
임하소서' 라는 문장이 몸에 배인 사람이라 할 수 있다.

♪ 강의 컨설팅업체와 수강생이 좋아하는 유형의 강사이다

어느 조직이든 기관이든 혹은 강의 컨설팅업체든 강사를 초빙하려고 할 때 '공병호'란 이름은 우선순위로 불리게 된다. 물론 강의를 잘하는 것도 큰 이유지만 더 큰 이유는 다른 데 있다.

어떤 이름난 식당이라도 대표 메뉴가 있기 마련이다. 그리고 대표 메뉴 없이 수십 개의 메뉴를 적어놓고 있는 식당치고 맛있는 음식이 없다는 편견이 있다. 그런데 일류 주방장들이 모여서 수십 개의 요리를 척척 그것도 최고로만 만들어낸다면 그 식당은 손님이 줄을 서게 마련이다.

공병호 소장은 바로 그런 강사이다. 그는 어떤 주제를 의뢰해도 최고의 강의를 뽑아놓는다. 더욱이 그의 책들은 이미 그의 전문적인 식견과 박학다식함을 증명하고 있다. 누구에게 강의를 의뢰할까 할 때 그를 떠올리면서 사람들이 주저하지 않는 이유이다. 수강생들 또한 그의 강의를 들으면서 안도하게 된다. '아, 지금 내가 대단히 중요한 강의를 듣고 있구나' 하는 믿음을 갖게 되기 때문이다.

강사로의 그의 가장 큰 장점을 한 가지 들자면 강연의 실용성이다. 그는 듣는 사람을 좀처럼 웃기지 않지만 강연시간 내에 확실한 가치를 제공하는 사람이다. 당장 써먹을 수 있는 지식이나 정보 그리고 노하우를 제공하는 사람이다. 그래서 그에 대한 수요가 계속된다고 본다.

♪ 명강사로서의 시스템을 보유하고 있다

공병호경영연구소 홈페이지(www.gong.co.kr)를 들어가 보면 그의 명성이 하루아침에 만들어진 것이 아니라는 걸 알 수 있다. 그는 정보를 누구보다도 잘 운용하고 있으며, 자신의 가치를 매우 능률적이고 효과적으로 부각시킬 줄 아는 전략가이다. 그의 책을 한 권도 읽지 않고 그의 강의를 한 번도 들어보지 않았다 하더라도, 이 사이트에 들어가 훑어보기만 해도 당장에 공병호 소장의 팬이 될 거라는 걸 믿어 의심치 않는다.

그는 자신이 사람들에게 강조하는 것처럼 스스로도 자기경영의 최고 전문가인 동시에 유능한 정보 전략가인 것이다. 그는 자신의 시스템 구축 능력에 바탕을 두는 한편 미국의 쟁쟁한 자기경영 전문가들인 스티븐 코비, 브라이언 트레이시, 데일 카네기 등과 같이 자신의 이름을 건 자기경영 프로그램인 '공병호의 자기경영 아카데미'를 8년째 성공적으로 운영하고 있다. 강연자 중에서 그처럼 자신의 이름을 건 프로그램을 성공시킨 경우는 거의 없다.

공병호의 '인생의 기술'

모든 사람들이 행복을 원한다. 그러면서도 자신이 행복하다고 생각하는 사람은 많지 않다. 그것은 자신의 인생을 어떻게 성공적으로 이끌어가야 하는가에 대해 정확하게 생각해 보지 않았기 때문이기도 하지만, 그 방법을 모르고 있기 때문이기도 하다. 그리고 급변하는 오늘날은 변화에 적응하는 것도 만만치 않다.

공병호 소장은 성공적인 인생을 살기 위해선 무엇보다도 미래를 준비하는 삶이 되어야 한다고 강조하면서 이렇게 말한다.

"'공장이 두뇌 속으로 들어가는 시대'란 말은 영국의 저명한 집필가 찰스 핸디가 이 시대의 변화를 압축해서 들려주는 말이다. 부가가치의 원천이 점점 지식 중심으로 이동하는 시대의 변화에 우리는 얼마나 제대로 대응하고 있는가. 우리의 미래를 알고 싶으면 우리가 지금 미래 준비를 어떻게 하고 있는가를 보라. 이런 저런 허황된 논리로 무장한 채 구질서에 매달려 있어서는 안 된다. 왜냐하면 우리는 더 이상 우리끼리 경쟁하는 시대에 살고 있지 않기 때문이다."

그는 자신의 책 《인생의 기술》을 통해, 성공한 삶은 저절로 오는 것이 아니며 무한한 노력과 열정이 필요하다고 말하고 있다. 그 과정에서 많은 시행착오를 거치면서 지혜와 교훈과 경험이 축적되면서 인생을 살아가는 스킬이 생기고 성공도 따라오는 거라고 말한다.

그는 《인생의 기술》에서 여러 가지 삶의 지혜에 대해 쓰고 있는데 그중에서 '경쟁력 있는 나만의 콘셉트 만들기'의 중요한 몇 가지를 소개하면 다음과 같다.

🎵 나의 재능을 찾아라

자신의 진정한 재능을 발견하는 것은 '위대한 발견'이다. 자신의 재능을 찾아내는 데 왕도는 없다. 도전하고 도전하는 길밖에 없다. 세상에는 직접 해 보기 전에는 알 수 없는 일들도 많다. 간접체험이나 머릿속의 시뮬레이션만으로 모든 것을 알 수 없다. 이것저것 시도해 보면서 자연스럽게 자신의 분야를 찾아낼 수 있다.

🎵 나만의 콘셉트를 갖는다

누군가에게 콘셉트란 '다른 사람과 확실하게 차별되는 특별함'이다. 끊임없이 자신의 콘셉트를 다듬고 발전시키지 못하고 고객을 만족시킬 만한 콘셉트를 창조해내지 못하면 직업 세계에서 성과를 기대하기 어렵다. 따라서 나의 콘셉트는 무엇인지, 다른 사람들이 내 콘셉트를 정확하게 인지하고 있는지, 나의 콘셉트를 발전시키기 위해 어떻게 해야 하는지 생각해야 한다.

🔑 씩씩하게 일하는 비결

씩씩하고 건강하게 살아가기 위해서는 체력이 받쳐줘야 한다. 그리고 무엇보다도 일들로부터의 나름의 의미와 즐거움을 찾아야 한다. 똑같은 일을 해도 노동이라 생각하는 것과 학습이라고 생각하는 것과는 차이가 있다. 반복된 일상의 지겨움에서 벗어나기 위해서라도 무언가 새로운 것을 배울 필요가 있다. 나아가 매사에 호기심을 잃지 않고 살아간다면 훨씬 씩씩하게 살아갈 수 있다.

🔑 도전하지 않으면 시작도 없다

"도전을 해야 성공과 실패가 있다. 그러나 시도조차 하지 않고는 아무 것도 없다. 도전을 하지 않는다면 시작 역시 없다. 프로는 내 첫 도전이다"라고 말한 사람은 일본 메이저 리그에서 이름을 떨쳤던 투수 노모 히데오 선수이다. 새로운 도전을 통해서 배울 수 있고, 시도하지 않았을 때는 기대조차 할 수 없었던 기회를 만날 수 있다. 크든 작든 새로운 것에 도전하라.

🔑 일상에 악센트를 준다

작은 시도라도 일상에서 변화를 줄 수 있다. 변화를 시도함으로써 기분을 상큼하게 하는 효과를 준다. 반복된 일상에서 신선함이나 변화를 주면서 자신의 평범한 삶에 악센트를 준다면 보다 멋진 인생을 만들어 갈 수 있다.

우리나라는 최근 몇 년 간 극심한 경기침체를 겪고 있다. 일자리를 잃은 사람들이 늘면서 생존 위기감으로까지 이어졌다. 펀(fun) 강의 프로그램에 등록하러 온 사람들 중 상당수가 "이렇게 살다가 우울증에 걸려 자살할지도 모르겠다 싶어서 찾아왔다"고 고백하기도 한다. 그렇게 와서 웃음을 찾고 삶의 활력을 다시 회복하는 사람은 다행이지만, 그렇지 않은 사람들은 범죄 혹은 자살로 생을 놓아버리는 일이 적지 않다.

통계청이 발표한 '2008 사회조사' 자료에는 경제적 어려움 때문에 우리나라 인구 10명 가운데 4명 정도는 자살 충동을 느낀 것으로 조사되었다고 하니 충격적이다. 특히 경제적 곤란으로 인해 자살 충동을 가진 사람은 40대 남성이 49.7%, 50대 남성이 49.9%로 사회활동을 활발히 하는 계층일수록 경제적 어려움이 더 컸다는 걸 알 수 있다.

그렇다면 어려운 시기엔 어떤 마음가짐으로 살아가야 하는 걸까? 공병호 소장은 이렇게 말한다.

"〈뉴욕 타임스〉의 대표적인 기자이자 저술가인 토머스 프리드먼이 이야기한 한 가지 사례를 소개한다. 글로벌 금융위기로 인해 워싱턴 D.C.에 소재한 로펌들도 해고로부터 자유롭지 않았다. 해고 대상이 된 사람들은 대부분이 주어진 일을 기계적으로 처리하는 데 익숙한 변호사들이었다고 한다. 그런 일감이 크게 줄어들었기 때문이다. 경기가 회복되더라도 익숙한 방식으로 기계적으로 일하는 능력밖에 갖지 못한 사람들에게까지 일자리가 주어질 가능성은 점점 낮아지고 있다. 일을 새롭게 처리할 수 있는 방법을 찾아내고, 고객들을 끌어들이기 위한 나름의 방법을 만들어내고, 현존하는 기술을 더 나은 방향으로 적용할 수 있는 사람들만이 '새로운 성역'으로 자리 잡게 될 것이라고 프리드먼은 주장한다."

그렇다면 공병호 소장이 말하는, 인생을 행복하고 성공적으로 잘 살아가는 기술이란 한마디로 요약하면 무엇일까? 내가 보는 관점에선 그는 이렇게 말하고 있는 것 같다.

"지치고 힘들어 쓰러졌거나 쓰러지고 싶을 때, 나를 일으켜 세울 수 있는 사람은 바로 나이다. 내가 나를 포기하지 않고 열심히 응원하고 나를 발전시켜 갈 때 행복도 성공도 나에게 찾아온다. 열심히 도전하라! 도전하지 않으면 아무것도 나에게 주어지지 않는다."

자기경영의 지혜

공병호 소장의 강의는 인생의 전반적인 삶의 태도와 마음가짐을 개선하게 하는 힘이 있다. 그는 사람들에게 용기와 결단 그리고 지혜의 중요성을 강조하는 동시에 방법론도 제시한다. 그리고 무엇보다도 삶에 대한 진지한 성찰을 갖게 하는 힘이 있다. 다음은 공병호 소장의 특강 '자기경영의 지혜' 중에서 일부를 옮긴 것이다.

실패 극복의 조건, '정신적 탄력성'

여러분 세상을 살아가면서 사람이 성공을 거두는 공식이 참 많다는 생각을 하게 됩니다. 뛰어난 머리를 가진 사람은 늘 입시에 성공을 거둡니다. 그러나 노력에도 불구하고 번번이 고배를 마시는 사람들도 있습니다. 짧게 보면 늘 승승장구하는 젊은이들의 미래는 늘 밝을 것이라고 생각할 수 있습니다. 물론 가능성이란 면에서 그런 젊은이들의 앞날이 훨씬 더 밝을 것으로 저는 믿어 의심치 않습니다.

그러나 실패의 고비 고비마다 또 어려움을 극복해 나가면서 무엇인가를 만들어가는 젊은이들도 꽤 있습니다. 저도 제 삶을 되돌아보면서 '오늘까지 어떻게 올 수 있었던가' 라는 생각을 해볼 때가 있습니다. 좌절의 순간도 있었고, 실망의 순간도 있었고, 또 참담함의 순간들도 있었습니다. 그러나 그런 경험 하나하나를 모두 더 나은 삶을 위한 자양분으로 만들어오면서 삶이 좀 더 나아짐을 향해서 꾸준히 전진해 왔다고 생각합니다.

저는 지금도 강연장이나 사람을 만났을 때 정말 뛰어나고 머리 좋은 사람을 만나면 감탄을 아끼지 않습니다. 다른 사람이 놀랄 정도로 감탄할 때가 가끔 있기도 합니다. 또 좋은 학교를 나왔거나, 많은 공부를 했거나, 참 대단한 분이라는 생각이 들 때 그런 부분을 말하기도 하고 "정말 스마트한 사람이구나" 이런 이야기를 자주 합니다.

저는 그런 부분에 대해서 크게 숨기지 않습니다. 본인 자신이 오늘까지 오게 된 것은 상당한 행운이 큰 역할을 하게 되었고, 또 살아가면서 본인 자신이 많은 것을 다 잘할 수 있는 인물이 아니라는 것을 늘 자기 자신에게 각인시켜 나가게 됩니다.

언젠가 제가 책을 읽다가 낸시 술먼이라는 분의 회고록을 접한 적이 있습니다. 그분은 뉴욕에서도 아주 유명한 유아교육기관을 운영하고 있는 분입니다. 뉴욕의 저명인사들이 낸시 술먼의 유아교육기관에 자기 아이들을 입학시키기 위해서 많은 노력을 할 정도로 명성을 날리는 분입니다.

낸시 술먼에게 대형 로펌의 아주 고위직 사람이 이런 이야기를 해주었다고 합니다. 그 대형 법률회사에는 엘리트 코스만을 계속 걸어온 젊은 변호사들이 많이 있다고 합니다. 물론 본인의 머리뿐만이 아니고 집안도 잘 타고났기 때문에 "정말 은수저를 물고 난 사람이다"라는 표현을 쓸 수밖에 없는 사람들이기도 합니다.

그런데 뜻밖에도 그들에게 발견되는 단점 가운데 하나는 문제를 해결해야 하는 결정적인 순간, 리더십을 발휘해야 하는 순간, 또 융통성 있게 사고를 해야 하는 순간에 실책을 하는 경우가 의외로 많다는 것입니다.

대형 로펌의 고위직 사람은 "태어나는 순간 부모가 자식의 인생에 지나치게 개입해서 부모가 원하는 방향으로만 조정해 왔기 때문에 스스로 자신의 문제를 해결하는 방법을 익히지 못했다. 다시 이야기하면 부모가 정해준 성공코스만을 살아온 젊은이들이 의외로 많다. 그리고 그 젊은이들이 한 번 정도 대형 로펌에서 좌절감을 크게 맛보게 됐을 때, 그 좌절감을 떨치고 다시 일어서는 데 실패한 경우들이 종종 발생한다"라고 이야기했다고 합니다.

난생 처음 실패하는 것을 경험하고 나면 그것이 익숙지 않아서 크게 좌절하고 쉽게 극복하지 못하는 경우가 일어나게 됩니다. 좋은 학교를 선택하는 것이 인생의 전부는 아니므로 부모는 자식이 실패할까봐 두려워해서는 안 됩니다.

반대로 자식들이 약간의 실패를 맛볼 수 있도록 실수 할 기회를 만들어줘야 합니다. 자부심을 느낀다, 미래에 어떠한 일이 생겨도 다 극복할 수 있다는 자신감을 자식들 스스로 어려움을 극복해 가면서 배우게 됩니다.

대형 로펌의 고위직 사람이 낸시 술먼에게 한 이야기는 어려움, 두려움, 그리고 참담함은 짧은 시각에서 보면 비용이지만 긴 시각에서 보면 굉장히 중요한 투자임을 강조한 것이라고 생각합니다. 아마 여러분들이 주변을 둘러보시면 비슷한 경험을 소유한 사람들을 머릿속에 떠올리는 것은 어렵지 않을 것입니다. 인생에서 모든 경험은, 그 경험을 어떻게 받아들이냐에 따라서 순환 경험, 정외 경험, 좋은 경험으로 바꿀 수 있음을 강조한 좋은 사례라고 볼 수 있습니다.

세상을 내편으로 만드는 1, 2, 3 법칙

여러분 댓글 많이 보시죠. 저는 인터넷에서 칼럼 같은 것을 보면서 '다른 사람들은 어떻게 생각할까?' 라는 생각에 다른 사람들의 댓글을 봅니다. 댓글을 보다 보면 쓸 만한 부분이 많습니다. 보통사람들의 생각을 이해하는 면에 있어서 댓글을 잘 이용하는 편입니다.

댓글을 볼 때마다 제가 갖게 되는 생각은 '한국 사람들은 참 자기 주장이 강하다' 는 것입니다. 또 여기에 더해가지고 '내가 진짜 똑똑하다' 는 생각이 굉장히 강한 것 같습니다. 아마 우리가 이 정도로 성장할 수 있었던 것은 이런 특징들도 크게 반영이 되었기 때문이 아닐까라는 생각이 듭니다.

보통 생업에 바쁘신 분들은 댓글을 상세하게 달기는 힘듭니다. 조금 시간적 여유가 있고, 사회에 대한 의견을 발표하기를 좋아하시는 분들은 댓글을 상세하게 답니다. 그런데 댓글을 볼 때마다 인신에 대한 공격성 글을 많이 보게 됩니다. 저는 우리가 어떠한 경우든지 댓글을 달 때 지적으로 좀 겸손할 필요성이 있다고 생각합니다. 우리가 갖고 있는 지식이라든지 정보량은 한정되어 있습니다. 그 한정된 지식과 정보를 바탕으로 타인의 의견에 대해서 비평을 가합니다.

'아' 와 '어' 가 참 다릅니다. 우리가 어떤 마음을 갖고 타인의 칼럼이나 글을 대하느냐에 따라 비평에 대한 강도가 얼마든지 달라질 수가 있습니다. 그런 면에서 조금 아쉬운 부분은 젊은 사람들의 지적인 겸손함입니다.

그런데 더 중요한 부분은 약간 자기주장이 강하고, 오만한 부분까지도 이해가 가는데, '어떤 사람의 의견' 과 '어떤 사람 그 자체' 를 혼동하는 경우가 굉장히 많습니다. 이를테면 "A씨에 대한 이야기를 동의하지 않을 수 있지만 A씨를 미워할 필요는 없다" 는 것입니다. 의견과 사람을 혼동하는 부분은 우리가 반드시 피해야 할 부분입니다. 토론과 글쓰기 훈련을 많이 시키는 미국의 경우를 보면 아이들이 소통, 커뮤니케이션을 해 나갈 때 아주 강조하는 부분 가운데 하나가 사람과 사람이 만든 의견을 분리해서 이야기하는 것입니다. 어린 시절부터 이러한 훈련을 많이 합니다.

모든 사람이 다 생각이 다를 수 있고, 또 그 다름에 대해서 우리가 비평과 비판을 할 수 있지만, 먼저 '지적인 겸손함을 늘 갖고 타인의 의견을 대한다는 것' 과 '가능하면 타인의 의견을 이해하고 타인으로부터 뭔가 배움을 청하는 자세로 대한다는 것' 그리고 '다른 사람의 의견과 그 사람 자체를 혼동하지 않도록 주의하는 것' 이 세 가지 정도만 우리가 댓글이나 대화소통에서 명념할 수 있으면 정말 멋진 커뮤니케이터가 될 수 있을 것입니다.

제가 말씀 드린 세 가지는 하나도 큰 비용이 들지 않습니다. 이것은 개인이 갖고 있는 습관이나 태도일 것입니다. 여러분 이 세 가지를 좀 더 여러분 가슴에 두시길 바랍니다.

❶ 자기 인생의 인생경영 전략을 가져라.

❷ 트렌드를 놓치지 마라.

❸ 나만의 브랜드를 계발하라.

❹ 마당발이 능사는 아니다.

❺ 에너지는 목표를 추구하는 데 사용하라.

❻ 스스로를 마케팅하라.

❼ 습관이 성공과 실패를 결정한다.

❽ 시간은 생명이다.

❾ 정답만 좇는 모범생이 되지 마라.

❿ 도전하지 않으면 시작도 없다.

chapter 02

이미지 · 표정 · 미소
대한민국에 **이미지 메이킹**을 정착시킨 달변가

_ 김경호

●●● 1986년도에 이미지 메이킹 개념을 대한민국에 처음으로 도입해 이론을 확립하고 실천 프로그램을 개발하여 20년 넘게 1만여 기업체 등에 200만 명 이상의 수강자를 배출했고, 전경련 최고경영자과정과 여러 경영대학원의 CEO 과정에 인기 초빙교수로 활약하고 있다.

또한 '이미지 메이킹 교수/전문강사과정'을 만들어 전문강사 양성에 힘써 왔으며, 한국 최초로 대학교 평생교육원에 '이미지 컨설턴트 자격증 과정'을 개설하여 자격증 시대도 열었다. 현재는 'KIMC 김경호 이미지메이킹센터'의 대표 및 국제문화대학원대학교 표현문화학 교수로 있다.

저서로는 《타고난 생김새는 어쩔 수 없다. 그러나…》 《리더십을 키우는 참 좋은 이미지》 《이미지 메이킹의 이론과 실제》 등이 있다.

이미지 메이킹의 일인자

교제하는 연인들의 외모를 두고 이런 말들이 오간다. 예쁜 여자와 못생긴 남자가 연인이라고 하면 "와, 저 남자 능력 좋은가 보다" 하고, 못생긴 여자와 못 생긴 남자가 연인이라고 하면 "둘이 정말 사랑하나 봐" 하고, 잘 생긴 남자와 못 생긴 여자가 연인이라고 하면 "저 여자 정말 돈 많은가 보다" 한다는 것이다.

이런 우스개의 이면에는 연인에 대한 남녀 이미지의 부조화란 편견이 있다. 사람들은 일단 보이는 것만 보고 사람을 판단할 수밖에 없기 때문에 상대방을 모르는 한에서는 단순히 외모나 보이는 이미지로 판단하게 된다.

얼마 전에 장동건과 고소영이 열애 중이라는 기사가 났을 때 사람들은 놀라면서도 이 커플에 대해 큰 반향을 보이지 않았다. 대한민국 최고의 미남미녀가 사귄다는 것은 우선 비주얼로도 최고의 그림이 되기 때문이다.

반면에 비슷한 시기에 난 김혜수와 유해진의 교제 스캔들 기사는 많은 사람들한테 깜짝 놀랄 만한 반향을 불러일으켰다. 사람들은 속칭 '미녀와 야수'의 결합이라면서 의견이 분분했다. "도대체 김혜수가 뭐가 부족해서?" 이런 의문을 가질 때 유해진의 주변 사람들은 이렇게 말했다.

"유해진의 생긴 것만 보고선 유해진을 판단하면 안 된다. 그와 실제로 이야기를 나눠 보면 그가 얼마나 매력적인 남성인지를 알게 될 것이다. 그는 매우 똑똑하고 타인에게 사려 깊으며 센스 있는 남자이다. 아마 그런 점에 김혜수 씨가 반했을 것이다."

결국 미녀의 마음을 빼앗은 건 미남이 아니라 만나면 만날수록 호감을 갖게 하는 매력적인 야수였던 셈이다. 유해진이 얼굴도 호감형이 아닌데다가 행동까지 야수형이었다면 김혜수가 그 많은 잘난 남자들을 뒤로 한 채 자신의 싸이 홈피에 "I love 유"를 외쳤겠는가. 그런 점에서 유해진은 자신의 부족한 외모를 호감형 이미지로 만들 줄 아는 사람이었던 것이다.

한 성형외과 의사가 유해진의 외모로 어떻게 김혜수의 마음을 사로잡았을까 하는 질문에서, 유해진처럼 돌출형 입모양을 가진 사람의 얼굴은 웃는 인상을 주기 힘든데 전문가적인 견해로 볼 때 유해진은 부단한 노력으로 웃는 연습을 많이 함으로써 처진 입꼬리가 올라가게 하였고 그래서 웃는 인상을 만들 수 있었을 거라고 설명했다. 결국 외적인 이미지나 내적인 이미지는 노력 여하에 따라 얼마든지 바뀔 수 있다는 것이다.

좋은 이미지를 갖기 위해 노력하는 건 비단 연예인이나 정치인처럼 유명인에게만 있는 일은 아니다. 첫인상과 이미지가 좋은 사람은 상대방에게 호감을 주기 때문에 대인관계를 비롯하여 취업과 직장생활에서도 긍정적인 결과를 가져 온다.

좋은 이미지란 단지 이목구비가 잘 생겼다는 것만이 아니라 외모, 언어, 매너, 교양 등등을 모두 아울러서 그 사람에게서 풍겨 나오는 인상을 말한다.

아무리 얼굴이 예쁘고 몸매가 빼어난 미인이라도 호감을 유지시켜 주는 것은 외모 이외의 요소들이다. 한 사무실에서 얼굴이 예쁜 여직원보다 그렇지 않은 여직원이 동료들 사이에서 훨씬 더 인기가 많고 평판이 좋은 경우가 있는데 그것은 바로 두 여직원이 가지고 있는 호감도의 차이 때문이다.

이미지 메이킹(image making)이란 말이 지금은 일반화 되었지만 불과 20여 년 전만 해도 국어사전에도 없는 생소한 말이었다. 그러다가 최근 10여 년 사이에 빈번하게 사람들 입에 오르내리면서 2004년에서야 국립국어원 자료집에 새로운 단어로 수록되었다. 국립국어원에서 정의하고 있는 이미지 메이킹의 뜻은 다음과 같다.

- 자신의 이미지를 상대방 또는 일반인에게 각인시키는 일.
- 자신에게 가장 바람직하게 구상된 개념 혹은 설정된 목표에 닮아지려는 과정.

외국의 경우 이미지 메이킹에 관한 이론이 나온 것은 훨씬 오래 전이다. 미국의 평론가이자 〈뉴욕 월드〉의 논설기자였던 월터 리프만(Walter

Lippmann)은 1922년에 출간된 자신의 저서 《Public Opinion》에서 머 릿속 상상의 그림으로서 자신의 노력, 즉 이미지 메이킹에 의해 자신을 보다 더 멋있게 변화시킬 수 있다고 말하고 있다.

그런데 이 시기에도 이미지 메이킹이 일상화된 개념은 아니었다. 그러 다가 미국 사회에서 30, 40년 전부터 정치인들의 선거 경쟁이 가열 양상 을 보이며 유권자들에게 이미지를 어필할 필요가 생기면서 이미지 메이 킹을 도입하게 되었다.

우리나라에서 이미지 메이킹이란 말이 본격적으로 부각되기 시작한 것은 1987년 12월에 있었던 13대 대통령 선거를 치르면서였다. 그 전 까지의 과정에 비해 훨씬 자유로운 선거 분위기가 이루어졌고 대통령 후보들의 TV 연설과 토론이 이루어지면서 이미지의 포장이 필요했기 때문이다.

각 후보들마다 이미지 메이커를 발탁해 보다 국민들에게 어필하고자 했다. 그런데 그 때만 해도 지금과 같은 포괄적인 개념의 이미지 메이커 들이 존재하지 않았다. 어느 후보는 외형적인 분장이나 코디네이션에 능 한 사람을, 어느 후보는 방송 커뮤니케이션 분야의 전문가를, 어느 후보 는 광고 기획과 전략에 탁월한 사람의 도움을 받았다. 그러면서 언론 매 체에서도 연일 '이미지 메이킹' 관련 기사를 내보냈다.

그 즈음에 국외에서 점차 이론적인 자리를 잡아가고 있던 이미지 메이 킹 개념을 한국형으로 대중화시킨 사람이 'KIMC 김경호 이미지메이킹 센터'의 김경호 소장이다. 그는 일부 특정계층에서만 제한적으로 사용하고 있던 이 개념을 일반 대중에게 쉽게 어필함으로써, 외모를 가꾸는 데에 치중해 있던 이미지의 개념을 거시적으로 바꾸어 놓았다.

문제는 이미지 메이킹의 중요성은 일반에게 널리 인식되었는데 현장을 주도할 이미지 메이커들이 전무하다는 게 현실이었다. 그래서 김경호 소장은 방송출연과 전국의 교육기관을 통해 이미지 메이킹 강의를 하는 데에 그치지 않고 이미지 메이킹 강사 양성 프로그램을 만들어 전문 강사를 배출하게 된 것이다.

내가 알기로 그는 실력 있는 이미지 메이킹 강사를 가장 많이 배출해 낸 교수이며, 이 분야에서 가장 많은 강의를 한 대한민국 최고의 이미지 메이킹 전문가이다.

김경호 소장이 이 분야에서 최고가 될 수 있었던 요인을 몇 가지만 짚어보면 다음과 같다.

🎤 시대의 흐름을 남들보다 빨리 읽어냈다

달리기에서 스타트는 순위를 좌우할 만큼 중요하다. 자세가 바르지 않았거나 다른 선수보다 조금 더 늦게 출발했다면 좀처럼 앞서간 선수들을 추월할 수 없게 된다.

어떤 일의 성공 여부도 마찬가지이다. 새로운 변화의 흐름을 재빨리 판독하는 안목과 그에 대한 선택 여부는 다른 사람들로부터 선두의 자리를 갖게 한다.

이미지 메이킹의 개념이 국외에서 한창 트렌드가 되고 한국에서는 막

거론되기 시작할 때 김경호 소장은 "바로 이거거든!" 하고 자기 무릎을 쳤던 사람이다. 적어도 10년 이상을 내다볼 수 있었기 때문에 그는 이 분야의 프런티어가 될 수 있었고 최고가 될 수 있었다.

🎵 축적된 정보량이 많다

많이 공부한 사람이 많이 알고 있는 건 당연한 이치이다. 김경호 소장은 그런 점에서 대한민국의 이미지 메이킹의 발전 역사를 처음부터 모두 꿰고 있으니 알고 있는 것도 그만큼 많을 것이다.

축적된 정보량이 많다는 것은 아는 데 그치는 게 아니라 그 분야의 과거와 현재와 미래의 변화의 흐름을 알고 있다는 것이다. 그래서 그의 강의는 고여 있지 않고 늘 새롭고 신선하다. "이미지 메이킹 강의가 새롭고 신선하지 않다면 누가 듣겠는가?" 하고 그는 말한다.

🎵 강의 스킬이 뛰어나다

김경호 소장의 강의를 들어보면 그가 그동안 얼마나 많은 강의를 했는지를 짐작할 수 있다. 그는 어떤 자리에서도 기가 죽지 않는 노련함과 카리스마가 있다. 어떤 자리에서 어떤 예를 들어야 할지, 어떤 임팩트를 주어야 할지를 정확하게 계산하고 있다. 그럼에도 불구하고 그의 강의를 편안하게 들을 수 있는 것은 그만큼 그의 강의 스킬이 매우 뛰어나다는 걸 증명한다.

🎤 호감형 달변가이다

김경호 소장은 장동건과 같은 미남형은 아니다. 그런데 그의 막힘없는 강의와 보는 사람까지 기분 좋게 만드는 미소를 보고 있노라면 그가 어느새 잘생긴 것처럼 보이게 된다. 강의를 듣는 사람들은 마치 최면에라도 걸리는 것처럼 그의 화법에 홀딱 빠져서 "아아, 잘 생겼도다"하고 중얼거리게 될지도 모른다. 그는 한마디로 호감형 달변가인 것이다.

나를 새롭게 만드는 후천의 노력, 이미지 메이킹

"엄마, 나 내일 남자친구 부모님한테 처음으로 인사드리러 가는데 뭐 입고 갈까?"

딸이 이렇게 물을 때 "그래? 잘됐구나. 엉덩이가 다 보이는 미니스커트에 가슴이 푹 파인 탱크 탑을 입고 가렴. 아 참, 껌 씹으면서 인사하는 거 잊지 마라." 하고 말하는 어머니는 없을 거다. 물론 딸을 죽어라고 미워하는 팥쥐엄마쯤 된다면 그럴 수 있을지도 모르겠다. 그런데 대부분의 정상적인 어머니라면 이렇게 말한다.

"가능하면 단정하고 얌전한 옷을 입고 가렴. 화려한 액세서리도 하지 말고 화장도 진하게 하지 말고, 손톱의 매니큐어도 지우고 손톱도 짧게 깎아. 그리고 행동거지를 공손하게 취하거라."

곧 이미지 메이킹을 시키는 것이다. 이미지 메이킹이란 이렇게 상대방에게 보이고 싶은 콘셉트에 맞게 자신을 가꾸는 것을 말한다.

바퀴벌레만 봐도 떠는 겁쟁이 남자가 잘 보이고 싶은 여자한테는 소도 때려잡을 강한 남자처럼 행동하거나, 삼겹살 삼인분은 너끈히 혼자 먹을 수 있는 식성 좋은 여자가 좋아하는 남자 앞에서 밥알을 세면서 깨작거리는 것은 모두 자신들만의 이미지 메이킹인 셈이다.

또한 옆에서 "다음에 만나면 코맹맹이 애교로 남자를 확 잡아버려" 하거나 "이 강렬한 넥타이로 그녀에 대한 열정을 표현하라"고 조언을 해주는 사람들을 이미지 메이킹 컨설턴트라고 할 수 있겠다.

이러한 점에서 보면 용어와 체계적인 이론만 없었다 뿐이지 이미지 메이킹의 역사는 아주 오래 되었다고 할 수 있다.

이미지 메이킹이라고 하면 일부 사람들은 "먹고 살기도 힘든데 뭔 놈의 배부른 소리야" 하기도 한다. 그렇지만 이미지 메이킹은 조금도 사치스런 개념이 아니다. 현실과 매우 밀접한 영역이며 공적, 사적 생활에서

그 사람을 좀 더 유리하게 부각시켜 주는 힘이 있다. 혼자선 살아갈 수 없는 삶에서 다른 사람에게 비치는 자신의 이미지는 곧 경쟁력이라고 할 수 있다.

수많은 대중으로부터 선택받아야 하는 정치인들의 세계에서 이미지 메이킹이 가장 먼저 자리를 잡은 것은 당연한 이치였다.

미국의 대통령 선거는 1950년대까지만 해도 라디오 연설이나 군중 연설이 전부였다. 그러다 보니 미국 시민들은 대통령 후보의 공약과 목소리에 의지해 표를 행사해야만 했다. 간혹 라디오에서 흘러나오는 목소리가 좋아서 일부 여성 유권자들의 표심을 잡는 일도 일어나던 시대였다. 그런데 흑백TV가 대량 생산되기 시작하면서 '듣는' 시대에서 '보는' 시대가 도래하게 되었다.

집집마다 TV가 한 대씩 놓여 있다는 건 선거유세의 방향도 달라져야 한다는 걸 의미했다. 이것을 간파한 사람은 1960년대 제37대 미국 대통령 선거의 후보였던 케네디였다. 그는 다른 후보 닉슨에게 TV 토론회를 제의했다. 이미 전국적인 인지도를 가지고 있는 닉슨은 마다할 이유가 없었다. 케네디는 케네디대로 자신이 젊고 잘생겼다는 점을 어필할 절호의 기회라고 여겼다.

그렇게 네 번의 TV 토론회가 열렸고 케네디의 이미지 호감도는 점점 상승되었다. 반면에 닉슨의 지지도는 별 변화가 없었다. 유권자들은 처음 시도된 TV 토론회 방식에 열광하면서 마치 하나의 쇼 프로그램을 보듯이 자신들의 눈을 즐겁게 해주는 케네디의 비주얼에 마음을 빼앗기고 말았다.

그리하여 미국 정치사에서 처음 시도된 대통령 후보들의 TV 토론회 결과는 어땠을까. 케네디가 닉슨을 꺾고 대통령으로 당선되는 이변이 일어났다. 사람들은 그만큼 보이는 것에 잘 흔들리고 영향을 받는다. TV 토론회를 통해 케네디의 귀공자풍의 외모와 세련미가 돋보이지 않았더라면 케네디가 대통령이 될 수 있었을까?

토론회가 끝난 뒤 TV 토론회를 본 사람들과 라디오로 들은 사람들에게 각 후보들에게 갖는 호감도를 물었다. TV를 본 사람들은 대부분 케네디를 지지한다고 말하였고, 라디오를 들은 사람들은 닉슨에게 더 높은 점수를 주었다. 이는 곧 보이는 것에 동요되지 않고 순수하게 그 사람이 토론에서 보여준 내용만 평가한다면 닉슨이 우세했다는 것이 된다.

라디오 시대에서 TV 시대가 되었다는 것은 이렇게나 확연한 차이를 나타낸다. 이미지 메이킹에 실패하면 다 실패한다는 것이다. 당시 토론회에 케네디가 입고 나온 옷은 희망차면서도 차분한 남성적 이미지를 나타내는 감색 정장이었고, 흰색 셔츠를 입음으로써 깨끗하고 청결함을, 빨간 넥타이로 정열적인 이미지를 주었다고 한다.

김경호 소장은 그의 저서 《리더십을 키우는 참 좋은 이미지》에서 이미지의 형성 요인을 '외적으로 볼 수 있고 만질 수 있는 것'과 '보이지도 만질 수도 셀 수도 없는 순 내면적인 것'으로 나눌 수 있다고 하였다.

그 중에서도 보이는 것으로서의 이미지에 사람들이 움직이는 경향이 있다면서 특히 첫인상이 중요하고, 최초의 30초가 모든 것을 결정하곤 한다고 말한다. 특히 아름다운 것을 본능적으로 수용하고 긍정하려는 사람들의 욕구로 인해 호감도가 결정된다는 것이다.

그렇다고 외모에서 오는 호감도가 그 관계를 지속시켜 주는 절대적인 요소는 아니다. 김경호 소장은 앞의 책에서 그 사람의 이미지, 즉 겉으로 나타나는 그 사람의 용모, 표정, 태도, 언행, 성품 등은 그 속의 심성, 성격, 습관, 욕구, 감정에 의해서 표출되는 것이라고 말하고 있다.

내면과 외면의 조화가 어떻게 연출되고 반영되어 이미지를 형성하는가에 대해 그는 이렇게 설명하고 있다.

> 사람의 표정은 그 사람의 심성과 성격에 의해서 만들어진다. 그 사람의 심성이나 성격이 전혀 달랐다면 지금처럼 연출되고 있을 수가 없기 때문이다.
>
> 자세나 태도는 그 사람의 감정상태와 욕구에 의해서 표출된다. 현재의 감정상태가 어떠냐에 따라 달라지고 욕구성향에 따라서 표현이 다르게 나타나기 때문이다.
>
> 언행은 그 사람의 욕구와 습관에 의해서 만들어진다. 자기가 추구하는 것과 오랫동안 길들여진 습관에 따라 언행이 다르게 나타나기 때문이다.
>
> 성품은 그 사람의 성격과 습관에 의해 형성된다. 그 사람의 독특한 성격이 습관을 만들어 가고 습관은 성격 형성에 상호 보완작용을 하여 성품으로 굳어지기 때문이다.
>
> 이렇게 내부로부터 만들어져서 외부로 표출되는 종합체가 그 사람의 이미지로 모든 사람들에게 보여지고 있다.

그는 좋은 이미지를 갖고 있는 사람이 성공할 확률이 훨씬 크다고 말한다. 이미지가 좋은 사람한테 신뢰감을 갖게 되고 그 신뢰는 성공으로 이어지기 때문이다. 각 분야에서 성공한 사람들은 대부분 훌륭한 리더십 이미지를 갖고 있음을 강조한다. 따라서 성공하기 위해선 '성공을 부르는 이미지' 부터 만들라고 말한다.

김경호가 말하는 '리더십을 키워주는 이미지 요건'

김경호 소장이 말하는 리더십을 키우는 참 좋은 이미지의 요건이란 무엇일까? 그는 다음과 같이 7가지 요건을 제시하고 있다.

🔑 첫인상을 좋게 만들어라

사람들은 대부분 4초에 첫인상을 형성하고 30초 후에 그 사람에 대해 최종 결론을 내린다. 특히 첫인상은 거의 시각에 의해 결정되고, 시각으로 받아들인 정보와 기존의 정보를 합하여 적당한 해석을 한 후 그 인상을 확정하고 그 다음의 행동을 결정한다. 따라서 인간관계의 시작은 좋은 첫인상을 갖는 데서부터 전략이 필요하다.

골드만은 《백만 불짜리 첫인상 만들기》란 책에서 첫인상에 영향을 미치는 요소에 대하여 얼굴, 미소, 시선 접촉, 인사, 자기 소개, 이름과 직위나 직급, 명함과 의상 및 장신구, 미팅 약속과 장소 및 음식, 대화를 시작하고 지속시키는 요령, 전화 대화, 비즈니스 서한, 전자도구상(인터넷, 온라인)의 예절 등이라고 말하고 있다.

호감 주는 말솜씨를 가져라

말은 그 사람의 생각이나 마음을 나타내는 것이다. 그리고 생각이나 마음은 바로 그 사람이다. 그래서 누구나 말을 잘하려고 한다. 호감 가게 말을 잘하기 위해서는 상대방 혹은 그 여건에 적합한 말인지를 먼저 생각해야 한다.

또한 평소 자신의 대화 스타일을 잘 알아둘 필요가 있다. 상대방보다 더 많이 말을 하지는 않는지, 청취는 잘하는 편인지, 정확한 메시지를 주고받고 있는지, 좋은 언어를 구사하고 있는지, 피드백을 적절하게 하고 있는지, 대화 중의 태도에는 문제가 없는지 등을 알고 자신의 문제점을 개선하려는 노력이 필요하다.

대화를 통해 상대방에게 호감을 준다는 것은 그만큼 신뢰로 이어질 가능성이 크다는 것이다. 신뢰받지 못하는 사람은 리더로서도 인정받지 못한다. 특히 맞는 말을 하느냐, 틀린 말을 하느냐보다 중요한 것은 어떻게 말을 하느냐 하는 것이다.

전문가로 인정받아라

자신의 경쟁력을 높이기 위해서는 한 분야의 전문성을 갖춰야 한다. 전문성을 갖추고 인정받기 위해서 우선되어야 할 태도는 자신의 일에 자부심을 갖는 것이다. 그리고 전문성을 높이기 위해선 다음과 같은 조건들이 필요하다.

- 자신의 분야에 대해 그 수준이 현재 어느 정도라는 걸 알아둔다.

- 무엇을 얼마만큼 이루거나, 어느 정도에 도달한다는 목표를 설정한다.

- 적어도 그 분야에서는 탁월한 전문성으로 경쟁력을 갖는다.

- 이 수준이 항상 유지되도록 지속적으로 갱신해야 한다.

- 그 전문성이 잘 발휘되도록 관련 분야를 광범위하게 연결시킨다.

- 항상 새로워지도록 늘 공부하는 삶을 지향한다.

- 가능한 한 자신의 경험이나 학습을 기록하거나 전문서를 만드는 것도 좋다.

재미있는 사람이 되어라

네덜란드의 역사가 호이징가는 "놀이를 한다는 것은 우리가 물리적으로 생존하고 있다는 것 이상의 좀 더 특별한 의미를 가지고 있으며, 생존의 사슬을 벗어나 여가를 갖고 놀이를 할 때 비로소 인간의 삶과 문화에 독특한 의미가 생겨난다"고 하였다.

즐거움과 재미와 유머는 사람의 긴장을 완화시켜 주고 정서적인 안정을 도모하며, 그로 인한 즐거운 생각과 웃음은 엔도르핀을 생성시켜 준다. 그래서 사람들은 자신을 즐겁고 재미있게 만들어주는 사람에 호감을 갖게 된다.

🔑 사람들이 나를 좋아하게 만들어라

경영은 사람을 얻는 것이다. 가능한 한 양질의 사람들을 많이 확보하면 성공한다. 이는 경영자뿐만 아니라 세상의 모든 사람에게 다 동일하다. 삶을 성공적으로 살고 일을 잘하려면 반드시 주위 사람들이나 일과 관련된 사람들의 지지를 받아야 한다. 그런 면에서 사람을 얻는 것이 성공의 지름길이다.

🔑 샘솟는 아이디어를 연구하라

새로운 가치를 잘 만드는 사람이란, 똑같은 일이라도 늘 '보다 더 낫게' 할 수 있는 사람이다. 같은 일이라도 어제 한 것과 오늘 한 것은 다르다. 늘 새롭게 하는 것이다.

지금 시대는 사람의 뇌가 부의 원천이 되므로 뇌본(腦本) 사회란 말을 쓴다. 창의력이 뛰어난 사람만 좋은 아이디어를 개발하는 게 아니다. 발상을 전환해 보는 꾸준한 노력과 관찰이 창조를 낳는다. 아이디어가 많은 사람에겐 늘 사람들의 관심과 화제가 따른다.

🔑 신용을 잃지 마라

신뢰는 조직의 경쟁력만 높이는 것이 아니라 한 개인이 경쟁사회에서 생존하고 성장하며 경쟁력을 갖는다는 점에서도 마찬가지이다.

데일 E. 잔드는 《리더십 3요소》라는 책에서 "신뢰란 다른 사람이 나의 취약성을 오용할 때 나의 잠재적 손실보다 나의 잠재적 이점이 현저히

적은 상황에서 내가 통제할 수 없는 다른 사람의 행위에 대한 나의 취약
성을 증가시키려는 기꺼운 마음씨다"라고 하였다.

어떤 상황에서도 자신의 신용을 잃지 않는 것이 성공하는 지름길이다.
주변을 관찰해 보면 '시늉'은 그럴듯하게 하는데 '신용'이 없는 사람들
을 쉽게 볼 수가 있다. 신용은 성공의 저금통장이다.

행복을 부르는 이미지는 따로 있다

김경호 소장의 강의 중에서 핵심은 "어떻게 하면 사람들에게 좋은 이미지를 주어서 자신의 삶의 질을 바꿀 것인가"이다. 그의 리더십을 키워주는 이미지, 직장인을 위한 이미지, 성공을 부르는 이미지, 행복을 부르는 이미지 등등의 주제 중에서 '행복을 부르는 이미지는 따로 있다' 라는 강의의 하이라이트 부분을 소개한다.

이미지 메이킹은 무엇인가

인생은 선택이라는 말이 있습니다. 매 순간마다 우리는 무엇인가를 선택합니다. 선택하는 권리는 자신에게 있으나, 그 결과는 그 사람의 인생을 결정합니다.

이미지(Image)도 선택입니다. 바꿔 말하면 지금 보여지고 있는 자신의 이미지는 과거의 선택에 의한 결과 현상에 불과하다는 뜻입니다. 따라서 현재의 선택이 자신의 미래의 모습을 바뀌게 합니다. 미래의 이미지는 지금 현재를 어떻게 만들어 가느냐에 따라서 달라지는 것입니다.

우리가 어떤 사람을 지칭할 때 그 사람의 이름을 말합니다. 사실 개인을 호칭하는 이름은 다른 사람들과 구별 짓는 것일 뿐이지 그 사람 자체는 아니잖아요. 그럼 이름을 빼고 나면 나를 누구라고 말할 수 있습니까?

제가 강의 중에 어떤 분에게 "이름을 빼고 자신이 누구인지를 설명해 보세요" 했더니 그 사람이 "나는 누구의 아들이며, 누구의 남편이고, 누구의 아버지입니다" 라고 하더군요. 그 설명은 그 사람에게만 해당되는 건가요? 저도 누구의 아들이고, 누구의 남편이고,

누구의 아버지인데 그럼 그 사람이 저일까요? 제가 그 사람인가요? 아니죠? 그렇다면 이름 말고 나는 누구냐? 이것을 찾아가는 게 바로 이미지 메이킹의 기본입니다.

사람들은 대개 자신에 대해 말할 때 이미 만들어진 나, 되어진 나에 대해서만 말합니다. 그것은 이미 결정되어 있는 과거의 모습입니다. 앞으로 기대되는 나, 되어질 나에 대해서는 말하지 않습니다. 그러나 되어진 것과 되어질 모든 것을 포함한 것이 개인의 이미지입니다.

이미지 메이킹의 정의는 개인이 추구하는 목표를 이루기 위해 자기 이미지를 통합적으로 관리하는 것입니다. 따라서 이미지 메이킹의 첫 번째 개념은 참자아 발견, 즉 자신이 누구인가를 아는 것입니다. 내가 나를 모르는데 누가 나를 제대로 알아주겠습니까.

두 번째 개념은 내가 생각하는 내 모습과 남들이 보고 느끼는 내 모습과의 차이를 찾아내어 제거하는 것입니다. 주관적 자아상과 객관적 자아상의 차이에서 오는 오해가 대인관계를 힘들게 만듭니다. 오해는 답답하고 억울한 것 아닙니까?

세 번째는 이상적 자아상을 구축하는 겁니다. 자신이 추구하는 그 목표에 도달했을 때의 모습이 이상적 자아상입니다. 그 모습을 미리 구축해 놓고 만들어 나아가는 노력이 필요합니다.

어떻게 해야 내 인상을 좋게 만들까

무엇보다도 내 모습을 나쁘게 만드는 장애물이 있으면 제거해야 합니다. 여러 가지 장애물 중에서도 열등감은 그 사람의 인상을 나쁘게 만듭니다. 열등감에는 절대적 열등감이 있고 상대적 열등감이 있는데, 상대적 열등감이 더 문제입니다. 상대적 열등감이 어디에서 나옵니까? 다른 사람들과 비교하는 데서 나옵니다.

열등감이 없는 사람은 없겠지만 열등감이 많은 사람은 두 가지 행태가 나타난다고 합니다. 하나는 공격성이 강하게 나타나는 것이고, 또 하나는 후퇴성이 나타난다는 것입니다. 공격성이 강한 사람들은 이유 없이 다른 사람을 공격합니다.

따라서 누군가 날 이유 없이 긁으면 '나에게 열등감이 있구나' 하고 해석하면 기분 나쁠 이유가 없습니다. 반대로 은둔, 폐쇄, 소심, 기죽음 등으로 나타나는 후퇴성이 있는 사람들은 주변 사람들과 잘 어울리지 못하기 때문에 사회성이 떨어질 수밖에 없습니다.

그렇다면 열등감을 어떻게 해소하면 될까요? 내려놓으면 되는 것입니다. 학력, 경력, 능력, 배경, 환경, 직급, 생김새 등 수많은 열등감이 있습니다. 우리가 주목할 것은 이러한 나의 열등감은 다른 사람들은 관심이 전혀 없다는 사실입니다. 남들은 아무도 신경쓰지 않는데 자기 자신만 열등감을 짊어지고 힘들어하는 것입니다.

특히 남녀노소를 막론하고 누구에게나 있는 외모에 관한 열등감도 내려놓으면 됩니다. 외모를 가지고 왜 열등감을 갖습니까? 타고난 생김새는 조상님 책임입니다. 자신의 의지와 무관하게 물려받은 모습 아닙니까? 내 책임이 아닌 것 때문에 왜 속상해 합니까? 우리 각자의 모습은 지구상에 하나밖에 없는 독특한 개성 덩어리입니다. 다른 사람과 비교할 수 없는 개체입니다. 그러니 얼마나 귀한 모습입니까.

타고난 생김새를 탓하지 말고 표정을 바꿀 생각을 하세요. 생김새는 조상 탓이지만 표정은 내 책임입니다. 표정은 마음에서 우러나오는 겁니다. 외적 이미지가 현상이라면 내적 이미지는 본질이지요. 본질을 바꿔야 표정이 바뀝니다. 생각과 마음에서 우러나는 것이 표정입니다.

우리는 항상 인간관계가 좋아야 한다고 말합니다. 관계가 가장 중요하다고 말들을 합니다. 그러나 관계가 좋아지려면 현상이 좋아야 하고요, 현상이 좋으려면 본질이 좋아야 합니다. 생각과 마음이 먼저라는 말씀입니다.

현상에 속하는 얼굴 표정은 80여 개의 근육에 의해서 표현됩니다. 그런데 좋은 느낌일 때엔 근육이 17개가 움직이는데 반해 거부감이나 나쁜 느낌이 들 때엔 43개의 근육이 움직인다고 합니다. 그러니 좋은 표정을 가지려면 의도적으로 노력해야 합니다.

웃는 얼굴에는 미소도 있고, 큰 웃음도 있고, 보통 웃음도 있습니다. 잔잔한 미소를 머금은 채로 입을 가리고 눈만 보세요. 눈이 웃고 있는지 날카롭거나 차가운지를 확인해 보십시오. 그 다음엔 다시 입만 쳐다보세요. 입꼬리 구각이 처지는가를 보십시오.

노년으로 갈수록 입이 처집니다. 언제부터 내 입이 처지기 시작했는지 궁금하시면 어릴 때부터 찍은 사진을 확인해 보세요. 언제부터 처지기 시작했는지 답이 나옵니다. 입이 처지면 인상이 좋을 수가 없습니다. 부정적으로 비쳐지거나 비웃는 듯한 인상을 풍기기가 쉽습니다. 마음과 전혀 다른 오해가 나타나는 것입니다.

아래로 처진 입모양은 훈련을 통해서 얼마든지 올릴 수 있습니다. 올려주는 근육에 힘을 가해서 웃는 입모양을 얼굴에 어울리도록 아름답게 만들 필요가 있습니다.

행복을 부르는 세 가지 씨앗

열매를 얻으려면 씨앗을 심어야 합니다. 행복을 부르는 세 가지 씨앗은 생각, 표정, 말씨입니다. 이것은 개인의 이미지를 형성하는 내적 이미지(본질), 외적 이미지(현상), 사회적 이미지(관계)의 키워드에 해당하는 것들입니다.

좋은 열매를 얻으려면 먼저 좋은 생각을 심어야 합니다. 자기 자신을 우주에 하나밖에 없는 가장 독특하고 유일한 존재라는 사실을 인지하고 긍정적이고 가치 있는 존재로 생각해야 합니다. 이것이 바로 자아존중감입니다. 대인관계의 황금률인 이웃을 네 몸과 같이 사랑하라는 뜻은 자기 사랑이 전제해야만 한다는 뜻입니다.

두 번째는 표정의 씨앗입니다. 호감 가는 인상의 사람들은 잘 웃습니다. 호감 주는 좋은 인상은 웃는 인상입니다. 그런데 웃는 인상은 하루아침에 되지 않습니다. 한 가지 방법을 말씀드리면, 아침에 눈을 뜨자마자 웃으세요. 잠들기 전에 또 웃으세요. 눈을 뜨는 순간과 잠들기 직전은 하루의 시작이자 마무리 단계입니다. 그리고 자신을 위해 투자할 수 있는 가장 소중한 순간입니다. 이 귀한 시간에 행복의 씨앗인 미소를 머금어 보자는 것입니다. 미소의 씨앗이 커지면 하루 종일 기쁜 열매가 열리지 않겠습니까?

세 번째는 말 한마디의 씨앗을 심어야 합니다. 말은 생명력이 있고 기적을 부릅니다. 사실 따지고 보면 세상의 모든 기적은 말에서부터 일어납니다. 실제로 신뢰가 높은 의사의 말 한마디는 환자에게 플라시보 효과(placebo effect)를 일으킵니다. 내 말 한마디에 다른 사람에게 행동의 변화가 일어난다는 자체가 기적입니다.

또 한 가지 중요한 것은 말은 부메랑 효과(boomerang effect)가 나타난다는 것입니다. 예를 들어 내가 다른 사람을 축복했는데 그 사람에게 복이 내리지 않는다면 보낸 축복이 내게 다시 되돌아온다는 뜻입니다. 마치 등기우편을 보냈을 때 수취인이 없으면 되돌아오는 것과 같은 의미입니다. 따라서 행복을 부르려면 다른 사람들에게 행복하고 아름다운 말을 많이 해야만 됩니다.

아침에 눈을 뜰 때 마음 상태가 크게 두 가지입니다. 기분 좋은 상태이거나 그 반대일 경우입니다. 아무리 기분이 나쁘거나 마음이 우울할지라도 얼굴 표정을 일부러 웃게 만들어 놓으면 좋은 소리가 나옵니다. 그러나 그 반대로 기분은 좋은데 표정이 찌푸려져 있으면 아무리 좋은 이야기를 해도 나쁘게 보일 수밖에 없습니다. 인상을 쓰면서 말하는 사람은 매사 부정적으로 보입니다. 말 한마디 한마디가 얼굴 표정과 함께 연합해서 그 사람의 이미지를 형성하는 것입니다.

행복을 얻으려면 행복의 씨앗을 뿌려야만 합니다. 씨앗은 조건에 맞게 심으면 반드시 싹이 트기 마련입니다. 세상의 모든 씨앗은 심고 나서 대개 한 철이 지나야 싹이 틉니다. 그러나 제가 오늘 드린 행복을 부르는 세 가지 씨앗은 심는 즉시 바로 열매가 맺힙니다. 행복한 마음으로 미소나 말 한마디를 지금 옆에 계신 분에게 보내보십시오. 활짝 웃는 웃음이 되돌아올 것입니다. 말이나 표정은 되로 주고 말로 받기 때문입니다!

❶ 열린 마음을 가져라.

❷ 첫인상에 승부를 걸어라.

❸ 외모보다는 표정에 투자하라.

❹ 자신감을 잃지 마라.

❺ 열등감에서 탈출하라.

❻ 객관적인 자신을 찾아라.

❼ 자신을 귀하게 여길 줄 알아라.

❽ 자신의 일에 즐겁게 미쳐라.

❾ 신용을 저축하라.

❿ 남을 귀하게 여겨라.

chapter 03

가족애 · 포용 · 비전
위기를 극복하는 가족의 힘을 말하다

_ 김미경

●●● 17년 동안 200만여 명의 사람들을 만났을 정도로 인기강사이다. 그녀는 가족을 중심으로 어려움을 극복하면 위기를 극복할 수 있다는 '가족 성공학'과 말 잘하게 하는 노하우를 가르쳐 주는 '스피치 훈련'을 주요 강의 주제로 삼고 있다.
연세대 음대를 졸업하였고 이화여대 정책과학대학원 석사과정을 밟았으며, 현재 'W-INSIGHTS' 대표이며 'ART SPEECH' 원장이다. 2007년에 미래를 이끌어 갈 여성지도자상(여성신문사)을 수상했다.
저서로는 《김미경의 아트 스피치》《꿈이 있는 아내는 늙지 않는다》《성공과 실패에서 배우는 여성 마케팅》《가족이 힘을 합하면 무엇이든 이룰 수 있다》 등이 있다.

여자들을 지혜롭게
만들어주는 라이프 코치

'ART SPEECH' 의 김미경 원장은 태어날 때부터 강한 유전자를 타고 난 사람이다. 그녀가 자라면서 "전 아무것도 몰라요" 하면서 눈만 내리깔고 청순가련형 흉내를 내었다간 어머니한테 "이 지지배가 웬 청승이냐!" 면서 그녀가 잘 쓰는 표현대로 '뒈지게' 맞았을 거다. 김미경 원장을 보면 맑고 단단한 차돌멩이가 연상되는데, 그녀의 강의를 듣다보면 그녀가 단단해질 수밖에 없었던, 강해질 수밖에 없었던 환경에서 태어나고 자랐기 때문이라는 걸 알 수 있다.

그녀의 어머니는 결혼하기 전까지 오랫동안 집안의 가장 노릇을 하던 생활력 강한 분이었으며, 결혼 후에도 어려운 형편 때문에 평생 양장점 일을 그만두지 않았다. 그의 아버지는 교사를 하다가 그만둔 뒤 돼지를 키우며 어려운 일이 닥칠 때에도 자식들한테 내색 한 번 하지 않을 정도로 가족을 아끼고 사랑하던 분이었다. 부모의 그런 희생과 책임감 때문에 김미경 원장의 가족은 형편은 넉넉하지 않았지만 가족애만큼은 남달랐던 것 같다.

무엇보다도 김미경 원장의 어머니는 그녀에게 인생의 선배로서 멘토의 역할까지 해주었던 것 같다. 그녀의 어머니는 위기를 겪을 때마다 특유의 뚝심으로 정면 돌파하는 삶을 살아왔다. 그런 위기 극복의 역사는 오늘날 김미경 원장이 세상의 모든 여자들을 향해 강한 여자가 되라고 외치고, 가족애를 잃지 말라고 외칠 수 있는 터전을 제공하였다.

그녀의 어머니는 시골의 어려운 형편에서 탈출하고자 상경하여 양재 교육을 받은 뒤 다시 고향으로 내려가서 작은 양장점을 하기 시작했다. 그런데 그럭저럭 유지되던 양장점에 위기가 닥쳤다. 그녀의 어머니가 그 위기를 어떻게 극복했는지를 그녀의 입을 통해 들어보면 이렇다.

"제가 어렸을 때 엄마가 충북 증평에서 양장점을 하고 있었는데, 갑자기 기성복 의류 브랜드 '논노'가 생겨서 읍내에도 들어오게 된 거예요. 번거롭게 열흘씩 걸려서 맞춤옷을 해 입다가 자기 사이즈에 맞는 옷을 마음대로 골라서 사 입을 수 있게 되니까 손님이 10분의 1로 확 줄었지요. 그때 엄마가 고심 끝에 동네 아줌마들을 설득해서 설악산 투어를 보냈던 거예요. 놀러 가는데 옷 한 벌 안 사겠느냐는 계산이었지요. 계획대로 주문이 들어왔고 엄마는 부지런히 그 당시 유행하던 '빨간 바지'를 만들어 댔어요. 설악산으로 가는 버스 안에서는 MC를 자청해서 노래도 부르고 춤도 추셨죠. 그 투어가 재미있다고 소문이 나니까 내장산으로, 지리산으로 투어는 계속 늘어났고 옷은 덩달아 잘 팔렸어요. 그런 식으로 논노에 맞서 7년을 더 버티셨지요."

김미경 원장의 어머니가 빛나는 부분이다. 그녀의 어머니는 생활력도

강했지만 대단한 전략가이자 승부사이기도 했던 것이다. 유명 브랜드에 대응해 그 당시 이미 '고객만족'으로 승부수를 띄워 위기에서 벗어났으니 시골 구멍가게 디자이너로선 꽤 적극적인 마케팅을 펼친 셈이다.

그런 어머니의 의지와 정신, 삶의 태도를 보고 살아서인지 김미경 원장 또한 그런 삶을 살아왔고, 오늘날 많은 여성들의 또 다른 멘토가 되고 있다. 그녀는 현재 대한민국에서 손 안에 꼽는 여성 명강사이다. 강의만을 전문으로 하는 전업강사들이 대부분 남성인데 비해 김미경 원장은 최윤희 강사와 쌍벽을 이루고 있다고 해도 과언이 아닐 정도로 그녀를 좋아하는 마니아층이 두텁다.

최윤희 강사와 김미경 원장은 강의 스타일에 있어서 차이가 있다.

최윤희 강사의 경우 "우리가 아줌마라고 왜 참고 살아요? 남편이 한 대 때리면 나도 같이 때려야 해요. 아니, 때리려는 시늉만 해도 우리가 먼저 주먹을 휘둘러 남편들 뜨거운 맛을 보여주어야 한다고요. 뜨거운 맛을!" 하는 저돌형 여장부 스타일이다.

김미경 원장은 "자, 남편이 왜 자기 부인한테 순간 주먹을 불끈 쥐었을까요? 그럴 때 죽여 봐 죽여 봐 하고 머리를 들이미는 건 어리석은 짓이에요. 그럴 때엔 살짝 자리를 피하고 마는 게 장땡입니다. 그런 다음 분위기가 가라앉은 다음에 선은 이렇고 후는 이렇고 해야 남편들이 꼼짝을 못합니다." 하는 전략적 협상가 스타일이다.

인기 명강사로 손꼽히는 이유

21세기에 들어서면서 김미경 원장은 물 만난 고기처럼 전국을 누비며 강의를 하러 다니고 있다. TV 스타강사가 된 것은 물론이고, 그녀의 책은 출간되기가 무섭게 베스트셀러가 되고 있다. 도대체 대한민국은 왜 그녀에게 열광하는가? 그녀의 무엇이 그녀를 명강사라고 부르게 하는가 살펴보자.

🔑 시대가 요구하는, 시대가 만든 강사이다

IMF 이전까지 인기를 끌던 여성 강사들은 주로 상투적인 부부싸움에서 이기게 하는 방법이나 남편의 무능력 혹은 바람기를 어떻게 잡았다 하는 정도의 사변잡기에 그쳤다.

그런데 IMF를 거치면서 여성과 주부들에게도 그만큼 사회가 요구하는 책임이 커졌다. 너도 나도 힘들고, 나라 경제가 휘청거리고 있는데 "나는 여자니까" "나는 살림만 하는 아줌마니까" 하면서 여성과 주부들이 열외가 되는 걸 용납할 수 없는 게 현실이었다.

처음으로 겪는 국가 경제위기에 놓이면서 사회 의식은 여성들에게도 같은 희생을 요구하게 되었다. 적당히 몸을 사리는 것을 여자들의 미덕으로 알던 사회는 "여자들 다 나와!" 하면서 여성의 역할과 책임에 대해 묻게 된 것이다.

적의 침입 앞에서 행주치마로 돌을 날라 함께 싸웠던 적극적인 동반자로서의 여성의 역할을 그 당시의 사회는 요구했다. 사회 인식이 바뀌면 사람들도 바뀌게 된다. 그때부터 자연스레 여성들은 미혼, 기혼 가리지 않고 전투에 임하는 자로서의 트레이닝을 거치게 되었다.

최근 몇 년 사이에 또다시 경제위기를 만나면서 그때 혹독하게 훈련을 거쳐 준비된 여성 리더들이 부각되었다. 김미경 원장은 그 중의 한 사람이다. 그녀는 자기 입으로도 "이때를 기다렸다!"고 말할 정도이다. 그녀는 위기를 잘 이겨낸 자들만이 가지고 있는 교훈을 이 불황의 시대에 많은 사람들에게 가르쳐 주고 있다.

🔑 트렌드를 따라가지 않고 트렌드를 만들었다

어느 분야든 그 시대를 주도하는 트렌드가 있다. 시대의 흐름과 대중의 정서를 읽지 못하면 절대로 명강사가 될 수 없다. 어떤 강사들은 자신의 전문분야를 개척하지 않고 남들이 일구어낸 인기 주제에 슬쩍 숟가락만 올려놓기도 한다.

김미경 원장은 '가족애'라는 조금도 신선하지 않은 화두를 갖고 '가족 성공학'이란 강의분야를 개척한 사람이다. 사람들은 그녀에게 아무도

"뭐 그런 시대착오적인 주제를 들이대고 있어? 가족이 중요한 거 누가 몰라서?"라고 말하지 않는다. 그녀가 이 말을 쓰는 게 조금도 건방져 보이지도 않고 식상해 보이지 않기 때문이다.

가족 붕괴의 시대에서 가족만이 힘이라는 이 절대불변의 진리를 그녀는 그녀만의 화법으로 풀어놓고 있다. 안 입는 낡은 옷을 리모델링해서 전혀 새로운 옷으로 창조해낼 줄 알던 그녀의 어머니처럼, 그녀는 이전의 많은 강사들이 수도 없이 강조했을 가족이란 주제에서 그녀만의 관점으로 재해석한 새로운 '가족 성공학'을 탄생시키고 있다.

🔈 남을 높여 주기 때문에 그녀도 빛난다

김미경 원장의 미덕 중에서도 빛을 발하는 부분은 타인에 대한 존중에 있다. 그녀는 누군가를 왜 존경하고 있는지, 그 사람의 무엇이 대중이 본받아야 할 점인지를 어떤 강사들보다도 분명하고 날카롭게 집어내는 사람이다. 그녀는 자신을 낮출 줄을 알고 타인을 높일 줄을 아는 진정한 '위너'이다.

강의를 하면서 그녀는 종종 성공한 인사들의 입지전적 스토리와 인물됨을 대중에게 소개하곤 했는데 그녀의 분석과 관점이 훌륭한 것은 기본이고, 상대를 더욱 빛나게 하는 그녀의 화법 또한 뛰어난 매력을 가진다. 대중은 그녀의 입을 통해서 상대를 재조명하게 되는 동시에 그녀를 다시보게 된다. 그 순간에도 그녀는 빛을 잃지 않기 때문이다.

🔑 아줌마지만 아줌마 방식이 아니다

지금까지 수많은 강사들을 접하고 강의를 들어본 결과, 강사들은 자신만의 강의 스타일이 있다. 강의 주제와 스타일이 대중들에게 잘 맞아떨어질수록 인기를 얻는다.

그런데 여성들의 강의 스타일 중에서 이런 스타일의 강사들은 대중들에게 호감을 주기가 좀처럼 어렵다.

동네 미용실에서 아줌마 손님들과 질펀한 수다를 떠는 것처럼 강의를 하는 미용실 원장 스타일, 웃겨야 한다는 강박관념으로 몸짓과 말을 지나치게 오버하는 어설픈 개그우먼 스타일, 시종일관 정숙과 진지 모드를 유지하는 사감 선생님 스타일, 성별과 나이를 불문하고 청중의 수준을 일단 무시하고 보는 잘난 척 대마왕 스타일, 청중의 관심을 유도하기 위해 주제와 떨어진 자기 고생 스토리로 눈물 콧물부터 짜고 보는 청승형 스타일 등등 여성 강사들이 강의를 하는 대상이 주로 주부이다 보니 주부들 눈높이에 맞춰 다소 과격하면서도 아줌마스러운 수다형 강의를 하기도 한다.

그러다 보니 주부들에겐 최고의 인기를 차지하는 여성 강사가 남성들한테는 외면을 받기 일쑤였다. 그런데 김미경 원장은 성별과 나이를 막론하고 지지를 받고 있다. 그녀는 여성과 주부들의 이야기를 많이 다루고 있지만 그 화법은 감정적이지 않고 논리성을 갖추고 있으면서도, 남성들의 관심을 끌 만한 국내외의 경제경영 지식들을 망라하고 있기 때문이다.

과하지도 모자라지도 않는 신뢰형 스타일이다

김미경 원장은 외모와 강의 스타일에 있어서 최고 강사가 될 수밖에 없다. 그녀는 모든 것이 과하지도 모자라지도 않는 딱 알맞은 사람이다.

우선 그녀의 외모를 보자. 그녀는 뚱뚱하지도 않고 마르지도 않은 그녀 나이의 가장 표준형 몸매를 가지고 있다. 게다가 그녀의 얼굴은 누가 부러워할 만큼의 미모도 아니고 누가 무시할 만큼의 외모도 아니다.

그녀의 패션은 어떤가. 그녀는 혹시 전문 패션코디를 두고 있는 것은 아닌가 할 정도로 자신에게 꼭 맞는 의상과 코디를 매치하고 있다. 그녀의 옷은 정장 위주이긴 하지만 디자인을 통해 무거움과 경직된 이미지가 아닌 그녀만의 세련되고 깔끔하면서도 경쾌한 분위기를 내고 있다. 헤어 스타일도 마찬가지이다. 지나친 세련미를 피하면서도 촌스럽거나 한물간 이미지는 결코 주지 않는다.

여기에 그녀의 쉬우면서도 강단 있는 강의가 더해지면서 김미경 스타일이 만들어졌다. 아무리 인기 있는 강사라도 모두가 다 좋아하는 것은 아니다. 분명 누군가는 "다들 난리던데, 난 그 강의 좋은 줄 모르겠더라" 하기 마련이다. 그런데 장담하건대 김미경 원장은 그런 평을 가장 적게 듣는 사람 중의 한 명일 것이다.

여성들을 지혜롭게 만든다

인기강사들의 강의 파급력은 의외로 크다. 특히 남성들에 비해 접하는 인맥이 상대적으로 적은 여성들은 강사들의 말에 알게 모르게 영향을 받는다. 특히 주부들은 TV에도 나오는 유명한 강사가 하는 말을 지나치게 신봉하고 따르려는 경향이 있다.

만약에 김미경 원장 정도 되는 강사가 TV에 출연해서 "여자들은 결혼해서 남편한테 애 낳아준 걸로 자기 책임은 다한 겁니다. 그러니 남편들한테 당당히 요구하고 큰소리치세요. 시부모님? 요즘 세상에 왜 모시고 살아요? 시부모 모시고 살자고 하는 남편 있으면 아예 내쫓아 버리세요" 하고 강의 때마다 나와서 말한다면 처음엔 "에이 그래도 어떻게……" 하던 주부들이 나중엔 "맞아, 나는 내 행복을 찾을 거야" 하게 될 가능성이 크다.

그런데 김원장은 놀라우리만큼 여성들을 현명하고 지혜롭게 만든다. 가족의 정신을 건강하게 만든다. 그녀의 강의를 다섯 번만 듣는다면 어떤 실의에 빠진 여성이라도 주먹을 불끈 쥐고 다시 일어서게 할 것만 같다. 그게 그녀의 스피치 파워이다.

뭉쳐라, 가족만이 힘이다

이야기 하나 ;

한 여자가 딸에게 말했다.

"아빠를 백만장자로 만들어 준 사람이 바로 엄마란다."

그러자 딸이 물었다.

"그러면 엄마와 결혼하기 전에 아빠는 돈이 없었어?"

"그때엔 아빠가 천만장자였지."

이야기 둘 ;

금슬 좋은 부부가 있었는데 남편이 일본 출장을 갔다가 3년 만에 돌아왔다. 오랜만에 재회한 부부는 레스토랑에서 근사한 저녁 식사를 한 뒤 기념으로 호텔에서 자기로 했다. 한밤중에 부부가 잠이 들었는데 한 취객이 호수를 잘못 알고 들어와 남편의 발을 건드렸다.

남편 : (잠결에) 뭐야, 야근이라더니 당신 남편 들어온 거 아니야?

아내 : (역시 잠결에) 그럴 리가. 남편은 지금 일본 출장 중이라니까.

이 이야기를 단지 유머일 뿐이라고 웃어넘길 수만은 없는 시대에 우리는 살고 있다. 남편이 아내를 혹은 아내가 남편을 죽이는 일도 심심치 않게 일어나고, 유산 문제로 자식이 부모를 타국 땅에 버리고 방치하는가 하면, 아예 가족과 자식 같은 건 필요 없다고 독신을 고집하는 사람들도 늘어나고 있다. 가족 간의 불신이 팽배하고 대화는 단절되면서 가족 해체 위기론까지 거론되는 현실이다.

가족은 정말 더 이상 의미가 없어진 개념일까? "가족이 나에게 짐이야! 차라리 내가 고아였으면 좋겠어!"라고 외치는 사람들에게 짐이 되는 가족은 차라리 없는 게 낫다고 수긍해주어야 하는 걸까?

이런 물음에 김미경 원장은 단호하게 말한다.

"무슨 소리! 가족만이 힘입니다!"

그녀는 개인의 위기, 가정의 위기, 사회의 위기와 나아가 국가의 위기까지도 가족애로 극복해 나갈 수 있다고 말한다. 가족은 누구에게나 가장 특별한 관계이면서 동기 부여가 되는 존재들이기 때문이다. 그야말로 뭉치면 살고 흩어지면 죽는다는 것이 그녀의 가족 성공학 핵심이다. 가족의 의지 중에서도 부부의 의지가 가장 중요하다고 그녀는 말한다.

"기업의 평균 수명은 12년이다. 그런데 부부가 함께 가정을 꾸려 나가는 평균 수명은 50년이다. 그러니 부부가 기업보다 강해야 한다. 기업보다 똑똑해야 하고 기업보다 끈질겨야 한다."

따라서 부부는 한 회사의 공동 창업주이며 공동 주주라고 그녀는 말한다. 부부가 서로 힘을 합치고, 부보와 자식이 또 힘을 합친다면 그 가족은 어떤 위기와 시련도 극복해 나갈 수 있다고 강조한다.

가족이 힘을 합치기 위해선 어떤 준비가 필요할까? 그녀가 말하는 핵심 제시안을 살펴보자.

🔑 가족의 무형자산을 유형자산으로 만들어라

경제가 불황일 때엔 유형자산을 늘리기 어렵다. 그럴 때엔 무형자산이지만 유형자산으로 바꿀 수 있는 것들을 생각해야 한다. 그 중에서도 '세 가지 소비유형'을 리모델링해야 한다.

- 유행성 소비 : 한국은 특히 유행에 민감하다. 신기종이 나오면 너도 나도 교체하는 경향이 있다. '남들도 다 가지고 있는 건데' 하면서 핸드폰, 컴퓨터, 게임기, 유명 브랜드 제품 등의 교체를 조르는 자녀들도 많다. 이런 소비 패턴을 없애야 가정경제가 살아난다.
- 중독성 소비 : 아버지는 술과 담배를 끊지 못하고, 엄마는 홈쇼핑을 끊지 못하고, 아이들은 컴퓨터 게임과 쓸데없는 휴대폰 통화 습관을 끊지 못한다고 할 때 그 가족의 미래경제는 불투명하다.
- 생활습관형 소비 : 전기료, 난방비, 수도요금, 통신비, 교통비, 식비 등은 매월 어쩔 수 없이 지출해야만 하는 생활비이다. 여기에서 아낄 곳이 없다고 생각할 수 있지만 줄줄 새어나가는 요금이 의외로 많다. 새어나가는 요금을 단속하면 돈도 절약된다.

🎵 가훈이 아닌 가족 비전을 만들어라

대부분의 기업들은 비전을 갖고 있다. 회사 전체의 비전이 있고, 그 아래 팀 비전이 있으며, 팀원인 각자의 비전이 있다. 회사 구성원인 개인의 비전과 회사의 비전이 일치하면 개인도 회사도 빠른 성장을 할 수 있다. 모두 행복하기 때문이다.

가족도 마찬가지이다. '서로 아끼며 살자'와 같은 가훈은 좋은 말이긴 하지만, 그 가족만의 비전이 아닐 뿐더러 가족 구성원 각자의 비전이 아닐 수도 있다. 부모는 이때 가족이 함께 추구해야 할 비전과 부부만의 비전과 자식들 각자에게 맞는 비전을 제시해 줄 수 있어야 한다. 부모가 가정의 비전 디자이너가 되어야 한다.

🎵 가족끼리는 짐을 함께 나눠라

불황이면 하루아침에 실직을 하게 되는 가장들이 많다. 그런데 아내와 자식들이 걱정할까 봐 사실대로 털어놓지 못하는 남자들이 있다. 그러다 보니 아버지는 하루 종일 공원 벤치에서 시간을 보내는데 자식들은 사정도 모르고 새 핸드폰을 사달라고 조른다. 아내는 남편에게 아파트 평수를 늘려서 이사 가면 어떻겠냐고 묻는다.

가장에게 무슨 일이 일어났는지, 어떻게 그 위기를 극복해 갈 것인지 가족이 함께 알고 의논할 수 있어야 한다. 위기를 맞아 이겨내는 것도 공부이고 훈련이다.

🔰 인생에도 가족에도 필터링이 있다

이 부분의 소비를 줄일 수는 없을까? 이건 꼭 살 필요가 있을까? 우리 가족이 하고 있는 이 방식은 최선일까? 다시 한 번 걸러 보고 따져 보는 건 인생에서나 가족에게도 모두 필요하다.

어려운 때일수록 모든 것을 필터링해 볼 필요가 있다. 가족 형태, 삶의 방식, 소비행태, 재테크 방식, 가족 주변의 인맥 관리 등등 꼼꼼하게 살펴야 한다. 필터링이 잘 된 가족 구조일수록 위기 대처 능력이 뛰어나다. 경제위기에 가족끼리 필터링을 적극적으로 하다 보면 가족의 유대감도 좋아지고 돈과 에너지와 가족애가 한곳에 집결되는 효과가 있다.

🔰 가족만의 추억을 만들어라. 어려울 때 힘이 된다

한 중소기업이 부도가 나면서 그 사장의 가족은 졸지에 월세를 내는 작은 집으로 이사를 가게 되었다. 그런데도 가족들이 원망과 불화는커녕 여전히 화목하게 지냈다. 그 집 아내에게 이유를 물으니 '추억 놀이'를 하면서 서로를 격려하고 위로를 한다는 것이다. 추억을 하나씩 꺼내 보면서 그래도 가족에게 좋았던 일이 더 많았다는 걸 새삼 깨닫게 되고, 서로에게 얼마나 소중한 존재인지를 생각하게 된다는 것이다.

모든 가족에게는 가족들만의 추억이 있다. 어려운 때에 추억을 되새기다 보면 다시 일어설 힘도 생긴다. 가족이 힘을 합치면 어떤 고난과 위기도 성공의 추억으로 만들 수 있다.

🔑 가족끼리 손잡아 줄 타이밍을 놓치지 마라

비틀거리거나 휘청거릴 때 옆에서 누군가 잡아주면 보행이 훨씬 안정된다. 그런데 그냥 두면 오래지 않아 넘어지게 된다. 넘어지면 크든 작든 상처가 나기 마련이다. 몸과 마음에도 상처가 나고 어떤 경우엔 돌이킬 수 없는 후유증으로 이어진다.

그래서 가족 간에는 더 세심한 관심과 주의가 필요하다. 누가 휘청거리고 있는 것은 아닌지, 힘들어하는 것은 아닌지 지켜보다가 넘어지기 전에 재빨리 손을 내밀어 잡아주어야 한다. 이럴 때 타이밍을 놓치지 않아야 한다. 이미 넘어져 상처가 난 다음에 "잡아 줄까?" 하면 안 되기 때문이다.

🔑 집을 '희망 제작소'로 만들어라

세상의 모든 사람들은 희망을 필요로 한다. 가족도 마찬가지이다. 희망이 없는 집은 발전할 수 없고, 집이 집의 구실을 하지 못한다. 남편도 아내도 아이들도 밖으로만 맴돌게 된다.

옛날에 선조들은 아무리 가난해도 봄에 뿌릴 볍씨만은 먹지 않았다고 한다. 볍씨가 있어야 가을에 수확할 수 있기 때문이다. 어렵다고 가정에서 마지막 희망의 볍씨마저 없애버린다면 나중에 정말 힘들 때 거둘 수 있는 것이 남아 있지 않게 된다.

위기일 때 기회도 온다

김미경 원장의 강의에서 자주 출연하는 그녀의 어머니 이야기이다. 그녀의 어머니는 인생에서 위기를 빈번하게 만났지만 매번 적극적이면서도 전략적으로 위기를 극복한 파란만장한 스토리를 가지고 있다. 김미경 원장 강의에 소개될 만한 다양한 사례의 주인공인 동시에 인생의 스승이기도 하다. 그녀의 강의에 등장한 횟수와 소개되는 내용의 양을 볼 때 강의료의 반은 그녀의 어머니에게 주어야 하지 않을까 할 정도이다.

다음은 '가족의 힘으로 불황을 끝내자' 라는 강의 중에서 김미경 원장의 어머니가 어떻게 위기를 극복하고 어려운 살림을 일으켜 왔는지 하는 대목이다.

위기 극복은 적극적이고 빠를수록 좋다

요즘 힘들다, 힘들다 하는 말들 많이 하지요? 그리고 진짜 밖에 나가 보면 힘든 분들이 정말 많아요. 여러분, 우리가 요즘과 비슷한 경험을 얼마 전에 겪어 봤잖아요. 언젠지 아시죠? 바로 10여 년 전에 IMF가 있었잖아요. 그때엔 온 국민들이 정말 힘들었지요.

당시에 저는 지금처럼 잘나가는 강사가 아니라 그야말로 새끼강사였어요. 그럼에도 불구하고 한 달에 강의를 50~60시간씩은 있었는데 IMF가 터지고 나서 강의가 20시간으로 딱 주는 거예요. 그런데 제가 60시간 강의에 맞춰서 적금도 들어두고 대출도 받았거든요. 그래서 큰일 났다 하고 있는데 하루는 친구한테 전화가 온 거예요.

그 친구가 얼굴은 무지하게 예쁜데 공부를 좀 못했고 싸가지도 없었어요. 그런데 그런 애가 부자남편을 만나잖아요? 걔가 그랬어요. 전화를 해서 하는 말이 "미경아, 지금 집 사놔야 해. 옛날에 한 채 살 돈으로 두 채를 살 수 있어. 나 지금 계약하러 가는 중이야” 하고 염장을 제대로 지르는 거예요.

그때 속으로 결심했죠. ‘내 인생에 IMF 꼭 한 번만 더 와라. 그러면 나도 그때 집 두 채 살 거다’ 하고 말이에요. 아마 그때 저와 같은 생각했던 사람들 많을 거예요. 그런데 정말 10년 만에 경제 불황이 또 왔잖아요. 그런데 문제는 뭡니까? 그때 저처럼 결심했던 사람들 말이에요. 이번에도 또 돈이 없는 거예요. 그런데 지금 돈 없다고 실망할 일이 아니에요. 이런 일은 또 와요. 그러니 불황을 대비해 준비를 하라는 겁니다.

우리가 사는 동안에 위기가 몇 번이나 올까요? 한 사람이 80년 산다고 하면 이런 위기도 5~6번 오고요. 기회도 5~6번 온다고 합니다. 저는 지금 45세인데 제가 맞은 큰 위기는 두 번이에요. 바로 지금이고, 그리고 바로 10년 전의 IMF 때였지요.

그렇다면 우리 엄마는 10번 이상은 위기를 맞았을 거예요. 그래서 한 번은 엄마한테 그동안 이런 위기를 얼마나 맞았느냐고 물었지요. 그랬더니 우리 엄마가 뭐라고 한 줄 아세요? 아휴, 말도 하지 마라. 엄마는 인생 전체가 위기야. 그러면서 일제 강점기 때 태어나서 고생한 이야기, 6 · 25 전쟁 겪은 이야기 하며 줄줄 나오는 거예요.

그러다 보니 어렸을 때 고생이 얼마나 심했겠어요. 저희 어머니가 충북 증평의 시골에서 태어났는데 당시 집에 호미 두 자루밖에 없었던 거예요. 어머니네뿐만 아니라 그 당시 시골에선 다들 그렇게 살았던 거지요.

그런데 그렇게 살아선 안 되겠더래요. 어머니가 그때 마침 일본에서 건너온 잡지를 봤는데 동경의대에서 사각으로 된 모자를 쓰고 박사학위를 받은 사람의 사진과 기사가 실려 있더래요. 당시 우리 할아버지 또래가. 그래서 우리 어머니가 엄청 충격을 받은 거예요. 그래서 할아버지한테 이랬대요.

“아버지, 이런 식으로 계속 살면 안 돼요. 다 우리처럼 살지는 않아요.”

그때 우리 엄마가 지금으로부터 50년 훨씬 전에 고등학교를 졸업하고 서울로 대학을 보내달라고 엄청 조른 거예요. 어떻게 됐을까요? 그야말로 ‘뒈지게’ 두들겨 맞았어요. 지지배가 무슨 대학을 간다고 난리냐고 말이지요. 우리 엄마는 결국 한달 내내 이불 뒤집어 쓰고 울다가 보따리를 싸서 서울로 도망을 한 거예요. 그리고 돈이 없어서 대학은 들어가지 못하고 학비를 벌려고 그때 들어간 게 복장학원이었던 거예요. 거기서 양재를 배운 거예요.

　기술을 배운 다음 엄마는 증평으로 내려가서 우리 할아버지가 하시던 작은 고무신 가게 옆에다 작은 양장점을 차린 거예요. 그때 증평으로 내려가면서 천 3필을 들고 갔는데 한 벌식 옷을 해준 다음 돈을 받아 새 천을 사서 걸어놓는 식으로 양장점 모양을 갖춰 간 거예요. 그렇게 해서 번 돈으로 살림을 일으키고 형제들 공부를 다 시킨 거예요. 호미 두 자루만 있던 집에서 말이에요. 그때 우리 엄마가 호미 두 자루의 환경을 그대로 받아들이고 살았더라면 어땠을까요?

❶ 죽어가는 당신의 꿈을 부활시켜라.

❷ 가계부가 아니라 CEO 다이어리를 써라.

❸ 돈을 쓸 때엔 소비할 것인가, 투자할 것인가를 생각하라.

❹ 하루에 한 시간씩 자신과 대화하라.

❺ 어느 날 갑자기 이루어지는 꿈은 없다.

❻ 행복한 부부의 가치는 10억 이상이다.

❼ 가족의 비전을 세워라.

❽ 말이 통하는 가족이 꿈을 이룬다.

❾ 도망가고 싶거든 돌아올 곳을 생각하라.

❿ 내 안에 있는 희망의 볍씨를 찾아라.

chapter 04

소통 · 대화 · 목소리
바른 소통으로 아름다운 대화법을 열어주는 보이스 컨설턴트

_ 김창옥

●●● 국내 최초 보이스 컨설턴트로 '김창옥 퍼포먼스 트레이닝 연구소' 대표이며, 경희대학교 성악과를 졸업하였다. 연세대학교 사회교육원, 이화여대 평생교육원, 건국대학교 펀 리더십 과정에 출강하고 있으며, 수많은 기업체와 방송, 교육센터 등에서도 인기강사로 유명하다. 저서로는 《목소리가 인생을 바꾼다》 《소통형 인간》 등이 있다.

자기 목소리를 찾아주는 남자

하루는 사오정이 아이스크림 전문점인 '베스킨라빈스 31' 에 왔다.

사오정 : 콜라 한 잔 주세요.

주　인 : 여긴 아이스크림 가게야. 콜라는 안 팔아.

다음 날 사오정이 또 왔다.

사오정 : 콜라 한 잔 주세요.

주　인 : (화가 나서) 여긴 아이스크림 가게라니깐. 콜라는 안 판다고!

그러자 사오정이 고개를 갸웃거리면서 이렇게 중얼거렸다.

사오정 : CF에선 콜라 먹는 재미가 있다고 하고선…….

CF에서 31개의 아이스크림 중에서 '골라 먹는' 재미가 있다고 하는 말을 '콜라 먹는' 재미로 잘못 들은 것이다. 사오정과 CF와의 소통에 문제가 생겼기 때문이다. 그래서 사오정은 헛걸음을 두 번이나 했고 주인은 짜증이 나고 말았다. 왜 이런 일이 생겼을까? 사오정은 단지 귀에 이상이 생겨서 남의 말을 못 듣는 걸까? 만약에 사오정의 귀가 멀쩡하다는 전제하에 생각하면 무엇이 문제일까. 사오정이 산만해서? 사오정이 덜 떨어진 바보라서?

사오정의 문제를 '김창옥 퍼포먼스 트레이닝 연구소' 김창옥 소장의 관점으로 해석해 보자. 사오정의 '귀가 막힌 것처럼' 보이는 이유가 산만해서도 아니고 덜 떨어져서도 아니라면 그는 CF 내용이 귀에 잘 들어오지도 않을 정도로 신경 쓸 일이 많거나 마음의 병, 우울증에 걸린 친구이다. 내 안에서 내가 소통하지 못하기 때문에 다른 소리와도 소통하지 못하게 되는 것이다. 그래서 현대인의 문제는 소통이 안 되어서 비롯되는 게 많다고 김창옥 소장은 말한다.

소통이 잘 되어야 내가 평안하고, 내가 평안해야 내 주변 사람들과의 소통도 원만해지고, 그럼으로써 모두가 평안해지고 행복해질 수 있다는 것이다. 소통에 이어서 자신에게 잘 맞는 목소리를 갖는 것이 중요하다고 그는 말한다. 그는 대한민국에서 가장 잘나가는 보이스 컨설턴트이다. 그런데 아직까지 많은 사람들은 '보이스 컨설턴트'가 뭘 하는 사람인지 잘 모른다.

김창옥 소장이 설명하는 보이스 컨설턴트의 정의는 이렇다.

"보이스 컨설턴트라고 하면 흔히 목소리를 가다듬는 법, 목소리를 맑고 또렷하게 낼 수 있는 기술을 가르쳐주는 사람이라고 생각한다. 태어날 때부터 좋지 않은 목소리를 갖고 있는 사람은 없다. 문제는 자신의 좋은 목소리를 표현하는 방법을 잘 모른다는 데 있다. 보이스 컨설턴트로서 내가 하는 일은 자기의 목소리, 원래 좋았던 자기의 목소리를 찾아주

는 데 도움을 주는 일이다."

그 사람의 목소리와 말하는 방법을 찾아주는 보이스 컨설턴트란 개념은 우리나라에서 아직 생소한 게 사실이다. 김창옥 소장이 이 길로 들어서게 된 동기도 이색적이다.

그는 성악을 공부하기 위해 음대에 가고 싶었지만 정식 레슨을 받을 형편이 아니었다. 그래서 겨우 음대 학생에게 몇 달 지도를 받고 지원을 하게 되었는데 다행히도 합격을 했다고 한다. 대학에 들어가서도 어렵게 학비를 벌어가면서 살아야 했다. 그러다 보니 그는 어느새 웃음도 잃고 일상의 행복이 뭔지도 모른 채 하루하루 지내고 있었다.

그런데 하루는 한 교수님이 "사람은 사는 것처럼 노래하고, 노래하는 것처럼 살아야 하는 법"이라고 말했다. 그 말을 듣는 순간 자신이 무엇을 위해 그토록 허덕이며 달려가고 있나 돌아보게 되었다. 삶은 무엇인가, 행복은 무엇인가, 나는 무엇을 위해 사는가 자신을 돌아보고 고민해 보면서 자아의 목소리에 귀를 기울이게 되었다.

그러면서 그는 비로소 자기만의 목소리를 찾게 되었다. 그리고 자기가 그랬던 것처럼 열등감과 우울증에 빠져 자기 목소리를 내지 못하는 사람들에게 목소리를 찾아주는 일을 하고 싶다는 생각을 하게 되었다. 그렇게 해서 그는 보이스 컨설턴트의 길로 들어섰다.

말과 소리를 어떻게 해야 하는가, 왜 그것이 중요한지에 대해서 그가 갖고 있는 이 생각은 전문적인 직업강사 이상의 철학적 관점을 담고 있다.

"말하는 자는 반드시 말을 듣고, 침묵하는 자리로 가고, 자신의 삶을 실험해야 그 말이 참생명이 된다. 나의 소리를 찾으려면 어떻게 해야 할까? 직업이라는 단어 vocation은 voice에서 파생된 말이다 소리에 대한 반응으로 소리에 대한 응답으로 직업이 된 것이다. 하늘에서, 내 안에서의 소리를 들은 적이 있는가? 그리고 그 소리에 반응한 적이 있는가? 그 소리에 대해서 결과를 이루라는 것이 아니다. 그 소리에 반응하라는 것이다."

소통 전문가로 성공한
그만의 매력

김창옥 소장은 무엇보다도 맛있고 멋있게 말할 줄 아는 강사이다. 그의 강의를 들으면서 사람들이 몰입할 수밖에 없는 것은 그의 소리(보이스)가 귀에 착착 감기기 때문인지도 모른다. 보다 더 자세하게 최고 인기강사로 이름 날리는 그만의 매력을 살펴보자.

🎤 김창옥은 울리고 웃긴다

그의 강의를 듣기 전까진 그의 선이 굵은 이목구비와 기름기가 흐르는 듯한 외모를 보면 강의 스타일을 전혀 짐작할 수 없다. 강의를 하기 위해 강단으로 걸어와 선 순간에도 사람들의 긴가민가 하는 표정은 여전하다.

그런데 입을 딱 여는 순간 그 모든 우려는 한순간에 날아간다. 입을 열고 3분도 안 되어 여기저기에서 빵빵 웃음 폭죽들이 터진다. 사람들이 웃으면서 '이 강사는 정말 재미있고 웃긴 강사이구나' 하는 생각을 하며 듣노라면 어느새 여기저기에서 훌쩍훌쩍 우는 소리가 들린다.

한마디로 김창옥 소장의 강의는 울리고 웃기는 강의이다. 울다가 웃으면 거시기에 뭐가 어떻게 된다는 걸 알면서도 사람들은 울다가 웃고, 울다가 또 웃는다.

🎤 김창옥은 패셔니스트이다

그는 자기 패션 스타일에 대해 미용실의 미용사 패션이라고 말한다. 여기에서 주목할 것은 '헤어디자이너'가 아닌 '미용실 원장 혹은 미용사'라고 말한다는 것이다. 뜻은 같지만 어감은 분명 다르다. 세련되고 엣지 있는 쪽이 헤어디자이너라면, 미용실 원장 분위기는 어딘지 2% 부족할 것 같다는 느낌이다. 그의 머리는 1980년대의 느끼한 헤어스타일을 닮아 있고 의상은 밝은 원색이 부조화를 이룬다.

내 생각에 그는 패션만으로도 사람들에게 즐거움을 주겠다는 의도가 있는 것 같다. 자신의 머리에서 발끝까지 그는 철저하게 'Show'를 보여주기 위한 준비를 한다는 것이다. 따라서 그는 자신의 패션을 성공적으로 활용한다는 점에서 훌륭한 패셔니스트인 셈이다.

🎤 김창옥은 족집게 무당이다?

사람들이 왜 족집게 선생과 족집게 무당에 열광하는가? 둘 다 상대가 원하는 걸 정확하게 콕 집어낸다는 공통점이 있다. 여름에 물 조심하고 겨울에 빙판 조심하라고 말하는 건 유치원생도 할 수 있다. 진정한 고수라면 상대가 말하지 않은 것, 그러나 상대에게 정말 필요한 말을 '점사'로 술술 읊어낼 수 있어야 한다.

그는 강의를 듣는 사람들이 어떤 대상이냐에 따라서 그들의 당면한 문제가 뭔지를 족집게처럼 뽑아내서 최적의 소통법을 일러 준다. 족집게 무당의 정확한 점사에 길들여진 사람이 발을 끊지 못하고 찾아가듯이, 그의 강의를 한 번 들어본 사람들은 '복채'를 들고 쫓아다니게 된다.

♪ 김창옥의 목소리는 멋있고 맛있다

그는 목소리 전문가이다. 소통 전문가이다. 그러니 그는 얼마나 멋진 자기 소리를 갖고 있겠는가. 게다가 그는 음대에서 성악을 공부한 사람이다. 그의 목소리는 마치 운율을 가지고 있는 것처럼 듣는 사람을 빠져들게 하는 매력이 있다. 사람을 기분 좋게 하는 목소리이다. 무엇보다도 정확한 발음과 부드러운 억양과 경쾌한 음성은 그가 최고라는 걸 인정하게 한다. 자기 소리를 내는 일이 얼마나 중요한지 그는 자기 목소리로 증명하고 있다.

소통의 시작, 내 마음부터 열어라

평소 회사에서 일이 많고 회식이 잦아 집에는 거의 자정 넘어 들어가서 잠만 자고 나오는 남자가 있었다. 하루는 몸이 아파 회사에서 일찍 조퇴를 하고 집에 갔더니 어린 아들이 엄마 뒤에 숨어서 "저 아저씨 누구야 엄마?" 하더란다. 아무래도 안 되겠다 싶어서 아들이 깨기를 기다려 평소보다 늦게 출근을 하려고 현관을 나서는데 아들이 "안녕히 가세요" 하더란다. 이쯤 되면 이 집엔 툭툭 가볍게 털기만 해도 여기저기에서 문제들이 쏟아져 나올 것이다. 아들이 아버지도 못 알아보는 정도라면 다른 소통은 잘 될 리가 없다.

인간관계에서 소통이 원활하지 못하게 됨으로써 발생하는 문제들이 많다. 가정만 해도 그렇다. 부부간에 소통이 안 되면 부모 자식 간에 소통이 안 되고, 나아가 그 부모는 밖에서 사회관계에 문제가 생기고 자식은 학교생활에 문제가 생긴다. 청소년 범죄의 상당수가 가정에 문제가 있거나 부모와의 대화 단절에서 비롯된다는 연구 결과도 있을 정도이다.

TV와 인터넷이 지금처럼 보급되기 30, 40년 전만 해도 가족들이 한자리에 모여서 이런저런 이야기를 나누며 시간을 보내곤 하였다. 그런데 요즘은 심지어 식사를 할 때에도 대화 없이 TV를 보면서 밥을 먹는 집이 많다. 더욱이 각자 자기 방에서 컴퓨터 앞에 앉아 온라인 게임, 채팅, 블로그 활동, 인터넷 서핑 등으로 혼자만의 시간을 즐긴다. 혼자 시간을 보내는 데 익숙해진 요즘 사람들은 오히려 다른 사람과 함께 있으면 더 불편함을 느낀다.

김창옥 소장은 현대인의 정서가 메말라가고 반인륜적인 범죄가 늘어나면서 병리현상이 늘어가는 것은 결국 인간관계에서의 소통이 제대로 이루어지지 않고 있기 때문이라고 말한다. 소통의 중요성에 대해 그는 이렇게 설명한다.

> 인생이라는 길고도 중요한 무대와 자신의 전문무대에서 프로로 인정받기 위해서는 우선 자신의 마음을 여는 원리에 대한 이해와 상대방의 마음을 열고 움직이는 부드럽지만 단호한 힘이 필요하다. 삶은 무대이며 모든 사람들은 배우와 같다. 최고의 공연은 '나의 소리를 그들의 표현'으로 하는 것이다.
>
> 따라서 조용한 시간, 홀로 있는 시간에 우리 자신에게 스스로 물어야 한다. 멋진 공연을 원한다면, 즐기는 삶을 원한다면 나의 소리를 갖고 있는지를. 그리고 나의 소리를 갖고 있다면 다시 확인해야 한다. 나의 표현이 그들의 표현인지 나에게 익숙한 표현인지를. 그들이 이해할 수 없는 표현은 결국 나도 이해할 수 없기 때문이다.
>
> 성경에 보면 바벨탑 사건이 나온다. 절대자에게 도전하는 인간들이 하늘에 닿

게 성을 올리자, 이에 절대자가 언어를 달리하게 해서 사람들은 서로 헤어지게 된다는 이야기이다. 이 이야기는 지금도 여전히 통용되고 있다. 나의 표현을 그들이 이해할 수 없을 때 우리는 함께 하나 함께 한 것이 아니다. 함께 있고 이야기를 나눈다고 무조건 '통(通)' 하는 것은 아니다. 표현은 통하기 위해 하는 것이다. 당신은 통하고 있는가?"

나도 물론 그렇지만 요즘 사람들은 늘 무엇엔가 쫓기며 살아가고 있다. 초조함, 조바심, 결핍감, 박탈감, 경쟁에서 도태될지 모른다는 불안감, 애정결핍, 스트레스 등으로 시달리는 사람들이 많다. 그러다 보니 웃음이 사라지고, 웃을 일도 없고, 늘 무엇엔가 화가 나 있고, 누군가에게 상냥해질 수 없다.

내가 한 신문사와 연계해 시행하고 있는 '펀(fun) 교육 프로그램' 에 찾아오는 사람들의 대부분은 "평소 웃을 일이 없다"고 하소연한다. 삶이 재미없으니 여기저기 아픈 곳은 왜 그리 많은지. 그런 사람들을 모아놓고 나는 실컷 웃게 해준다. 그리고 왜 즐겁고 재미있게 살아야 하는지를 말해준다. 딱딱하게 굳은 무표정한 얼굴로 '펀 교육 프로그램' 에 참가했던 사람들이 교육을 마칠 즈음엔 "소장님, 속이 뻥 뚫리는 것 같아요!" 하고 후련해한다. 그 순간이 아마 김창옥 소장이 말하는 나와 나와의 소통이 이루어졌기 때문일 것이다.

그렇다면 나와 나와의 소통을 위해서는 어떻게 해야 할까. 그가 제안하는 방법 중에서 대표적인 몇 가지를 보면 다음과 같다.

🎗 말보다 침묵을 배워라

미국의 심리학 교수인 헨리 나우엔은, 말의 힘은 지식과 침묵에서 나오는 것인데 현대인들은 지식만 알고 침묵을 모른다고 지적한다. 그는 요즘 현대인이 음식으로 치자면 '겉절이' 같은 싱싱함은 있지만 '묵은지' 같은 푹 삭힌 깊은 맛이 없다고 한다.

따라서 깊은 말을 하고 싶은 사람은 지식 밑에 있는 침묵을 먼저 배워야 한다고 설명한다. 자기 소리를 입 밖으로 내놓기 전에 침묵하는 시간이 필요하다는 것이다. 그러기 위해선 홀로 있는 시간을 가져볼 필요가 있다. 혼자서 자기 안을 들여다보고 자기 안의 욕심을 하나씩 비우는 일을 해 보라.

🎗 호흡으로 나를 만나라

한의학에서는 마음에 품은 생각이 너무 많으면 병으로 발전하기 때문에 그것들을 밖으로 내보내라고 권한다. 내 안의 과도한 생각들을 내보내기 위해서는 숨을 고르는 훈련이 필요하다.

김창옥 소장이 우울증 치료를 위해 찾아갔던 수도원에서는 설거지, 나무 가꾸기 등 머리로 하는 게 아닌 육체 노동을 통해서 숨 고르기 훈련을 하게 했다. 숨 고르기는 곧 호흡 훈련이다. 내 목소리를 찾는, 바로 자기 자신을 찾는 기본기는 바로 그 숨 고르기에서 시작한다.

그런 다음 나를 내가 만나는 시간을 가져 본다. 하루에 5~10분이라도 외부와 차단된 곳에서 음악을 듣거나, 차를 마시거나, 자연 속에서 산책을 한다. 숨 고르기를 하면서 호흡이 가라앉을 때 자기 자신이 환하게 들여다보이면서 경이로운 깨달음을 갖게 된다.

🎤 나를 소중하게 여겨라

그가 하는 강의는 주로 '영혼의 자유' '목소리의 자유' '자아의 자유'에 관한 것이다. 이럴 때의 자유는 방종이 아니라 질서를 가진 자유이다. 그런데 자존감을 상실한 사람은 아무리 이야기를 해도 잘 받아들이지 않는다. 나를 소중하게 여기는 자존감을 가진 사람만이 진정한 자유를 느낄 수 있다. 그리고 아름다운 자기 소리를 가질 수 있다.

🎤 건강으로 나의 균형을 이루어라

C. S 루이스가 쓴 《스쿠르테이프의 편지》에는 사탄이 인간을 파멸시키기 위해 쓰는 31가지 방법을 소개하고 있다. 그 책에서 스쿠르테이프는 인간에게 돈, 명예, 자아실현을 목표로 열심히 한 곳만 파고들게 하면 반드시 20~30년 후에는 그 목표를 이룬다고 한다. 그러나 그렇게 돈을 벌려고 해친 건강을 다시 찾기 위해 번 돈을 다시 쓰는 어리석은 인간이라고 말한다.

건강을 잃은 사람은 삶의 균형을 이룰 수 없다. 인생의 목표를 설정하고 열심히 사는 것도 좋지만 어떤 인생의 목표도 건강과 맞바꾸면서까지 얻을 만한 가치는 없다.

🎣 유머와 동반하라

유머는 어렵고 힘든 상황에서, 관계의 소통이 어려울 때, 어려움에 직면했을 때 가장 부드럽게 해소해주는 힘을 가진다. 그가 2008년 한 해 동안에 기업과 기관에서 의뢰받은 강의 주제의 60%는 '펀(fun)'에 관한 것이었다. 그만큼 요즘 사람들이 즐겁지 않다는 것이며, 그만큼 즐거움을 갈망한다는 것이다. 유머를 삶에 적용하는 사람은 그만큼 사람들과의 소통도 성공적으로 이끌 수 있다.

소통이 잘 되면 인생이 행복해진다

김창옥 소장의 강의는 전국 어디를 가서도 절대적인 환영을 받는다. 그의 강의를 듣다 보면 강의 자체의 즐거움도 있지만 무엇보다도 나한테 문제가 무엇이었나를 깨닫게 해주기 때문이다.

그가 기업에서 강의를 하면 노사관계가 좋아지고, 남편들 혹은 아내들에게 강의를 하면 부부관계뿐만 아니라 가족관계가 좋아진다. 특히 우울증에 빠진 사람들에게 그의 강의는 치료제가 되기도 한다. 그는 삶의 진정한 의미를 잃고 허겁지겁 욕망만 쫓는 현대인들에게 행복과 만나는 길을 보여 준다.

다음은 '소통'에 관한 일부 강의 내용이지만 직접 들어보지 않고는 그의 맛깔스런 강의를 짐작할 수 없을 것이다. 무엇을 상상하든 그 이상이기 때문이다.

내가 나와 소통이 안 되면 타인과도 안 된다

《동의보감》에 보면 "통하지 않으면 통한다"는 말이 있습니다. 앞에 있는 통은 '소통한다'는 의미의 통을 말합니다. 그러면 뒤에 있는 통은 무슨 의미의 통일까요? 주부님들께 물으니 한 주부님이 간통이라고 하더군요. 그러면 큰일 나겠죠? 그건 아니고요. '고통이 온다'는 의미의 통입니다.

여기 나무 한 그루가 있습니다. 열매에 자신이 원하는 걸 적어서 붙여 주세요. 여러 가지 내용들이 붙여졌군요. 남편 금연, 임신, 부부여행 등등 여기 붙인 좋은 열매들을 얻기 위해서는 어떤 뿌리가 필요한지 봅시다.

첫째는 '나와 나와의 소통' 입니다. 다음은 '나와 다른 사람과의 소통' 그 다음은 '나와 사회와의 소통' 입니다. 이 세 가지 소통이 잘 이루어져야 원하는 열매를 맺을 수 있는 겁니다.

주부님들 경우를 생각해 보세요. 나하고의 소통이 안 되면 남편하고도 안 되고 자식하고도 안 됩니다. 내가 나하고 제대로 잘 통하고 있는 게 가장 중요한 거예요. 얼마 전에 TV에서 〈엄마가 뿔났다〉라는 드라마를 한 적이 있었지요? 거기에서 엄마로 나오는 김혜자 씨가 나를 찾기 위해서 몸부림을 하는 장면이 있습니다. 자기하고 소통이 안 되니까 남편하고도 안 되고, 자식들하고도 안 되잖아요. 그러면서 엄마가 시아버지인 이순재에게 이렇게 애원합니다.

"아버지, 나 아무것도 안하면서 정말 쉬고 싶어요. 그러니까 아버지, 저 휴가 좀 주세요."

자신만을 위한 휴가를 가서 자기와의 소통을 해보고 싶다는 절실함 때문입니다. 엘리자베스 퀴블러 로스의 《인생수업》이란 책이 있습니다. 거기 보면 이런 장면이 나와요. 그녀는 호스피스인데 임종 전에 손자를 앞에 두고 이렇게 말합니다.

"얘야, 인생은 애플파이와 같은 거란다."

파이 조각을 나누어서 사람들에게 하나씩 나눠주다 보면 자기를 위한 파이가 남아 있지 않게 된다는 말이지요. 심지어 어떤 사람은 내 파이가 애초에 어떤 파이였는지도 모르는 사람이 있습니다. 주로 바쁜 사람들이 그렇지요.

자, 이 그림을 보세요. 사람들이 주로 주는 파이랍니다. 종교생활을 하면서 주기도 하고 또 직장생활을 하면서 주기도 하지요. 그리고 가족을 위해서 주기도 하고 친구들을 위해서 주기도 합니다. 이렇게 나눠주다 보면 어느새 내 파이가 하나도 남아 있지 않게 되는 거예요. 여기저기 나눠주다 보니 정작 나를 위한 파이는 하나도 없는 거예요.

게다가 나 없이도 다들 잘 돌아가는 거예요. 나 없으면 안 될 것 같던 직장이 나 없이 잘 될까요? 안 될까요? 내가 없어지면 다들 좋다고 축제지요. 드디어 진상이 회사를 나갔다고 다들 좋아 난리지요. 그걸 보면 또 마음이 상하는 겁니다.

파이를 다 퍼주고 내 파이는 하나도 없는데 말입니다. 그래서 내 파이를 찾아야 하는 겁니다. 내 파이를 찾는다는 건 내가 흥미 있어 하고 의미 있어 하는 일을 하는 겁니다. 그러지 않으면 상실감이 생기고 우울증에 걸리는 겁니다. 내 파이를 내가 가지고 있지 않으니 나와 내가 소통이 안 되고, 나와 다른 사람과의 소통도 결국 안 될 수밖에 없는 겁니다.

내가 나와 소통이 안 되면 마음의 병이 생긴다

저 역시 저 자신과 소통되지 못해서 우울증에 걸린 적이 있습니다. 한 달에 강의를 40번 이상 8년 동안 하면서 매번 웃겨야 한다는, 재미있어야 한다는 강박관념이 생겼습니다. 게다가 강의가 끝나고 나면 강의를 들은 사람들한테 평가를 받습니다. 6.0 만점에 5.6이 안 넘으면 안 부르거든요.

하루는 이런 일이 있었습니다. 아버지가 아프셔서 병원에 갔는데 대장암이라는 겁니다. 그런데 노사가 대립 중인 한 회사에서 서로가 하나가 되는 강의를 해달라는 겁니다. 그곳에 가서 강의를 하는데 제 속이 편할 리가 없겠지요. 내가 웃어도 웃는 게 아니고, 내 속이 내 속이 아니고, 사는 게 사는 게 아닌 게 되는 겁니다.

그렇게 강의를 하고 나오면 그런 내 상황이 정말 견디기 힘들어지는데, 그렇게 나와 나와의 관계가 안 좋아져도 나와 사회와의 관계는 좋아질 수 있으니 이게 답답한 겁니다. 내 속은 썩어 문드러져도 참고 일을 계속 하면 얼마간은 그렇게 될 수 있잖아요?

연예인들을 보세요. 유명해져도 속은 외롭고 힘들고, 어디 가서 말을 할 수도 없고, 그러면서 그런 나 자신과 더 불통하게 되고 우울증이 찾아오는 겁니다. 그럴 때 나와 가족의 소통도 점점 힘들어지는 겁니다. 그러다가 가족들한테 위로를 받고 싶어서 말을 꺼내죠. 그럴 때 대뜸 "인간아, 너만 힘드냐! 나도 힘들어!" 하면 꽉 막히는 겁니다.

아이들도 마찬가지입니다. 애들도 자살이나 이런 안 좋은 걸 생각하면서 한 번은 꼭 이야기를 하거든요. "엄마, 나 힘들어" 그러면 어머니가 부드럽게 "그래, 우리 딸 힘들지?" 이렇게 해주면 되는데 "엄마는 더 힘들어!" 그러면서 해선 안 되는 이야기까지 합니다. 지금 너희들은 팔자가 좋아서 그런다는 둥, 엄마는 어려서 고무신 신고 다녔다는 둥, 아버지가 돈 버는 거 다 너희들 때문에 버는 거라는 둥 쓸데없는 이야기로 오히려 기만 더 죽이고 맙니다.

그러면 아이들은 '엄마 아빠하고 나는 통하지 않는구나' 하면서 마음의 문을 닫고 그때부터는 대화가 아니라 말을 하게 됩니다. "아버지 돈 주세요" "아버지 저 군대 갑니다" 그런 보고만 하는 거죠. 그러다 보면 나중엔 부모 자식 간에 대화가 없어져서 아이에게 무슨 일이 일어나게 되면 남들은 다 아는데 부모만 모릅니다. "어머, 우리 애가 저런 애였어?" 하는 거죠. 대화가 안 통하니까 아이가 부모 앞에서 뭘 못하고, 아무것도 안 보여주는 겁니다.

그런데 그 원인의 출발점은 나와 남편과의 대화의 기술도 아니고, 나와 자녀와의 기술도 아니고 사실은 엄마에게서 시작했다는 겁니다. 아이들과 대화를 하면서 리액션을, 고개를 끄덕끄덕 취해주기만 해 보세요. 그게 힘이 됩니다.

그래서 판소리하는 사람에게 고수가 지치지 말라고 "얼쑤" 하고 장단을 맞춰주는 겁니다. 대화를 원활하게 하기 위해서는 그런 게 있어 줘야 하는데 그것도 내가 나한테 여유가 있어야 "얼쑤" 할 수 있는 겁니다. 나와 나와의 소통이 잘 되어야 내가 남한테 "얼쑤" 해줄 수 있는 겁니다. 그런데 내가 힘들고 우울하면 그런 소리가 안 나오죠.

나와 주변이 행복하려면 나와 내가 잘 통하고 있어야 하는 겁니다. 내가 가까운 사람들과 소통이 어렵다면 내 자신의 소통부터 해주어야 합니다. 안 그러면 나도 병이 나고 주변 사람들도 다 힘들어집니다.

❶ 소리는 그 사람의 인격, 지식, 지성, 성품, 내면이다. 소리에 내 매력을 드러내라.

❷ 형식과 틀에 지나치게 얽매이지 마라.

❸ 보이스는 fresh, smart, bright해야 안정감 있고 리드미컬하게 들린다.

❹ 유머러스하게 말하라.

❺ 쉼표 없이 계속 달리는 것은 음악이 아니라 소음이다. 삶도 그렇다.

❻ 생기 있는 얼굴이 영향력 있는 얼굴이다.

❼ 마음이 건강해야 목소리가 좋아진다.

❽ 나의 소리를 찾으려면 자기 안에 어떤 소리가 있는지 알아야 한다.

❾ 자신의 목소리를 찾아야 다른 사람과 좋은 소통을 할 수 있다.

❿ 말을 하기 전에 침묵부터 배워라.

chapter 05

경영 처세 · 손자병법 · 리더십
세상을 움직이는 지혜를 고전에서 **찾는다**

_ 박재희

●●● 성균관대학교에서 철학박사 학위를 취득했으며 민족문화추진회 국역연수원에서 3년간 조선의 마지막 선비들에게 한학을 사사했다. 성균관 교육국장과 청소년국장을 역임했으며, EBS에서 《교양 한문》과 《명심보감》 특강을 하였다. 국가행정전문연수원, 성천문화재단 등에서 고전과 중국 철학, 중국어 등을 강의하였으며, 특히 고전 속의 인물이나 예화를 통해 현대의 경영 처세와 자기계발에 관한 탁월한 강의 실력을 가지고 있다.
저서로는 《황로도가의 정치사상에 관한 연구》 《사마천 사상의 비판적 검토》 《경영전쟁 시대 손자와 만나다》 《손자병법으로 돌파한다》 등이 있다.

고전학에서 발견한 'HOW'의
인생 처세술을 가르치는 학자

퇴임하는 경영자에게 후임자가 위기관리 노하우를 가르쳐 달라고 했다. 그러자 전임 경영자는 후임자에게 "나도 전임자에게 전수받은 노하우라오"라고 말하며 3개의 봉투를 건넸다. 이어서 말하기를 "단, 절체절명의 위기에 처했을 때만 열어보시오"라고 했다.

그런데 얼마 후 회사에 문제가 생겼다. 후임 경영자는 첫 번째 봉투를 열어봤다. 거기에는 이렇게 쓰여 있었다.

"모든 잘못은 전임자에게 있다. 시간을 달라. 신속히 해결하겠다고 말할 것."

후임 경영자는 그대로 말했고, 위기를 넘길 수 있었다. 시간이 지나자 또 심각한 위기가 닥쳤다. 이번엔 두 번째 봉투를 열어보았다. 거기엔 이렇게 쓰여 있었다.

"책임자를 새로 임명하겠다. 시간을 달라. 신속히 해결하겠다고 말할 것."

후임 경영자는 이번에도 위기를 넘길 수 있었다. 시간이 지나자 회사에 또 위기가 닥쳤다. 세 번째 봉투를 열어봤더니 이렇게 쓰여 있었다.

"자! 이젠 당신도 3개의 봉투를 준비하시오."

이 이야기는 경영 노하우가 그만큼 어렵다는 걸 풍자한 유머이다. 어떤 식으로든 CEO들은 자신만의 경영 처세술을 가지고 있다. 그 여부에 따라서 기업의 사활이 달려 있다. 모든 CEO들은 성공하기를 바랄 것이다. 그렇지만 누군가는 쓰러지고 누군가는 다시 일어선다. 기업만이 생사의 기로에 서 있는 게 아니다. 사느냐 죽느냐는 햄릿의 대사만이 아닌, 바로 오늘 이 시대를 살아가는 모든 이들의 절박한 고민이기도 하다.

잘 살아가는 게 물론 중요하다. 그런데 어떻게 잘 살아갈 수 있느냐 말이다. 다들 21세기는 경쟁사회라고 말한다. 남과 싸워 이겨야만 내가 성공할 수 있다고 말하고 책에서조차 잘 싸워 이기는 법을 가르쳐 준다. 여기에 그렇지 않다고 가르치는 사람이 있다. 싸우지 않고 적을 이기는 것이 진정한 승리라는 것이다. 그가 바로 젊은 철학자인 박재희 교수이다. 그는 손자병법의 전문가이다.

《손자병법(孫子兵法)》은 춘추시대의 오나라 왕 합려를 섬기던 손무(孫武)가 쓴 것으로 그동안 널리 알려졌으며, 한편 손무의 손자로서 전국시대 제나라의 전략가 손빈(孫臏)이 저자라는 설도 있다.

손자는 공자와 비슷한 시기를 살았던 인물로서 합리주의 전쟁철학을 내세우며 오나라 군주에게 자신을 스카우트할 것을 과감하게 제시한 인물이다. 그가 자신의 군사적 비전을 제시하면서 오나라 왕 합려에게 내

놓았던 '백전불태(百戰不殆)를 위한 군사철학 보고서'가 바로 《손자병법》이다. 이 시대에 《손자병법》에 주목하는 것은 이 책을 통하여 기업 경영, 상업, 의학, 바둑, 스포츠, 인생 경영 등에 많은 영감과 훌륭한 지혜를 주기 때문이라고 박재희 교수는 말한다.

박재희 교수는 《손자병법》에서 가르쳐주는 전략들을 지금 21세기를 살아가는 현대인들의 생존전략에 접목해 생각할 수 있게 하는 강의로 유명하다. 그는 현재 민족문화컨텐츠연구원 원장과 한국예술종합학교 전통예술원 교수 등으로 활동하는 한편 여러 기관과 단체, 방송 들을 통해 박재희식 강의를 하고 있다. 특히 《손자병법》을 통한 경영 리더십 강의는 직장인들에게 선풍적인 인기를 끌고 있는 인기 주제이다.

박재희 교수에 의하면, 대학 강단에서 철학 강의로 인기를 끌던 그가 일반인들에게 알려진 계기는 이렇다.

"내가 '손자병법'을 주제로 일반인에게 강의하게 된 것은 EBS-TV에서 '손자병법과 21세기'란 제목의 기획특강을 44회 진행하면서부터다. 그 뒤로 지금 《손자병법》은 내 인생에 있어서 가장 중요한 고전이 되었다. 돌이켜보건대 정말 많은 기업체와 강의할 기회를 갖게 되었고, 특히 이 경험은 고전을 전공하는 나에게 현대사회의 흐름을 읽을 수 있는 계기가 되었다. 반도체 · 금융 · 기계 · 화학 · 건설 · 조선 · 유통 · 공공기관 등 수많은 분야에서 그 업계가 처한 현실을 알게 되었고, 그 분야 전문가들을 만나 많은 이야기를 들었다."

그의 말대로 그는 2002년 EBS 강의가 대중에게 알려지는 계기가 되었고 전국에서 그의 강의를 요청하는 곳이 늘어나면서 급기야 명강사 반열에 오르게 되었다.

박재희 교수의 강의 특징과 매력

21세기에 '손자병법'이 화두가 될 수 있다고 누가 생각이나 했겠는가. 그런데 박재희 교수는 고전 읽기를 통하여 21세기의 비전을 설명한다. 명강사로 큰 인기를 누리고 있는 그의 강의 특징과 매력에 대해 자세하게 살펴보자.

♪ 아무나 모방할 수 없는 박재희 스타일이 있다

대부분의 인기강사들은 자신만의 스타일이 있다. 인기강사가 된 데에는 그런 남다른 개성과 매력이 한몫했다는 것을 알 수 있다. 그 중에서도 박재희 교수의 스타일은 한국인의 정서에 부합되는 이미지를 가지고 있다.

우선 그의 외모는 대한민국 남방형 표준 남성 스타일을 가지고 있다. 세련되지 않은 헤어스타일과 어디선가 한 번은 본 듯해 보이는 평범하고 수수하게 생긴 인상, 두툼하고 믿음직스럽게 생긴 손과 적당히 안정적인 풍채는 한국 사회에서 흔하게 볼 수 없는 외모이다.

더욱이 그의 강의는 조선시대의 인기 많았을 어떤 학자와도 닮아 있고, 그만이 가지는 언어의 리듬감은 묘한 매력을 준다. 한마디로 박재희 스타일은 아무나 벤치마킹할 수 없는 그만의 호감형 스타일이다.

♪ 고전이 주는 교훈을 쉽고 재미있게 알려 준다

사람들은 고전에 대하여 늘 선망을 갖고 있다. 하지만 어렵고 지루하다는 편견 때문에 선뜻 접하지 못하는 한계도 있다. 그런데 현재 왕성하게 활동하는 인기강사들 중에서 박재희 교수만큼 고전작품들을 훤히 꿰뚫고 있는 사람은 드물다.

일단 그의 강의는 쉽고 재미있다. 어렵고 딱딱한 고전을 쉽고 재미있게 풀어주는 것만큼 좋은 일은 없다. 그의 강의를 듣고 난 사람들은 왠지 눈이 밝아지면서 갑자기 자신이 똑똑한 사람이 된 것과 같은 착각이 들 수도 있다. 그만큼 그의 강의는 청중을 현명하고 지혜롭게 만들어준다.

♪ 손자병법을 통해 현대인의 경쟁구도를 휴머니즘의 관점으로 풀어준다

《손자병법》의 교훈은 전쟁에서의 승리가 단지 '싸우는 데에' 있지 않다는 것이다. 단지 어차피 싸워야 할 거라면 완전하게 갖추어 전쟁을 치르라는 것이다. 결국 전쟁은 내가 안 다치기 위해서 하는 것일 뿐이다. 그러나 현대사회는 매사 싸움을 부추기고 경쟁구도에서 살아남기 위해선 상대방을 쓰러뜨려야 한다고 주장한다.

그의 강의를 열심히 들은 사람이라면 다 알겠지만 손자는 휴머니스트
이다. 그는 "적이 강하면 고민하지 말고 피하라. 내가 약하면 숨어라. 피
하는 것, 숨는 것은 패배가 아니다."라고 말하고 있다. 따라서 그의 강의
는 냉정한 현대사회에서 어떻게 하면 상대방을 죽이지 않고 함께 공존할
수 있는가를 가르쳐주는 휴머니즘의 인간 처세술 강의라고 할 수 있다.

21세기 손자병법 경영학

링컨은 "적을 파괴하는 가장 좋은 방법은 적을 친구로 만드는 것이다"라고 했고, 나폴레옹은 "적이 잘못하고 있을 때 절대로 방해하지 마라"고 했다. 그리고 나의 경우에는 "적과 싸우려 하지 말고 적을 웃게 하라"고 하겠다.

이렇듯 사람들은 세상을 살아나가고 싸워가는 자기만의 철학이 있다. 세상을 어떻게 해석하고 싸워나갈 것인가가 곧 그 사람의 인생의 성공을 좌우한다는 점에서 어떤 철학을 갖고 사느냐는 매우 중요하다. 박재희 교수의 강의 중에서도 핵심 강의는 '손자병법을 통해 새롭게 조명하는 21세기 손자병법 경영학'이라고 할 수 있다.

그는 자신의 저서 《경영전쟁 시대 손자와 만나다》에서 훌륭한 조직의 리더나 경영자들이 갖추고 있어야 할 미덕에 관하여 '손자병법'에서의 교훈을 예로 들면서 다음과 같이 말하고 있다. 오래 된 고전에서 21세기와 절묘하게 맞아떨어지는 지혜를 읽어내는, 박재희 교수의 시대를 넘나드는 방대한 지식에 감탄할 따름이다.

🎵 같은 꿈을 꾸게 하라

《손자병법》에는 '상하동욕자승(上下同欲者勝)' 이라는 말이 있는데, 상하는 장군과 병사를 가리키고, 동욕은 같은 목표와 같은 꿈을 말한다. "장군부터 최하위 병사까지 같은 욕망을 가진다면 승리한다"는 뜻으로, 현대 기업문화에서도 같은 원리를 적용할 수 있다.

다시 설명하면 리더는 조직의 목표와 비전을 명확히 제시해야 하고, 조직의 구성원과 비전 공유가 이루어져야만 치열한 경쟁 속에서 살아남을 수 있다는 말이다. 리더는 꿈을 제시하고 그 꿈을 안내하는 '꿈 창시자' 가 되어야 한다.

🎵 능력을 계발하라

《손자병법》에서는 "군대의 모습은 물을 닮아야 한다(兵形象水)"고 말한다. 물이 지형에 따라 물줄기를 바꾸듯이 사람도 상황에 따라 자신의 모습을 변화시켜야 한다는 것이다. 과거의 승리한 전술로 또다시 승리를 기대할 수 없듯이 전략전술도 상황에 따라 끊임없이 바뀌어야 한다.

손자는 상황의 변화에 따라 나를 변화시켜 승리를 쟁취하는 군대를 '귀신같은 군대' 라고 말했다. 사람으로 치면 '귀신같은 사람' 이다. 누구나 예측 가능한 사람은 순간적인 승리밖에는 얻지 못하지만, 귀신같은 사람은 누구도 예측하거나 짐작하지 못하는 영원한 승리를 얻는다. 고정된 나에서 멈춰 있지 말고 자신과 주변의 능력을 계발해야 한다.

🔑 미래를 대비하라

《손자병법》은 전쟁 환경을 미리 예측하고 준비하는 리더야말로 승리하는 리더라고 가르친다. 기상조건을 미리 예측하고 분석하는 사람, 적의 상황을 정확히 이해하고 그 대안을 갖고서 현장에서 나간 사람은 그렇지 못한 사람을 만났을 때 반드시 승리한다는 것이다.

또한 손자는 조직이 위기에 빠지는 것은 하늘의 재앙이 아니라 조직을 이끄는 리더의 책임이라고 했다. 리더의 능력은 모든 조직원의 생사와 직결된다. 따라서 유능한 리더는 위기를 예측하고 대비하는 능력이 있어야 한다.

🔑 이성으로 판단하라

《손자병법》 13편 중 첫째 편이 '시계(始計)'이다. 처음에 충분히 계산하라는 뜻이다. 리더는 사실을 사실로 볼 수 있는 객관적인 눈을 가져야 하고 숫자에 밝아야 한다. 기업도 마찬가지이다. 매일같이 전쟁을 치르면서 기업의 생존에 따라 직원들의 인생이 좌우되는 오늘날, 주관적인 감과 이긴다는 신념만 가지고 전쟁을 하던 그 전과 비교해서 새로운 경영철학을 가지고 있어야 한다.

🔑 설득과 협상(용의 역린을 건드리지 마라)

기업이든 개인이든 설득과 협상은 리더십의 중요한 요소 중 하나이다. 한비자는 법가 철학자답게 명분이나 원칙보다는 상황의 중요성을 강조했다. 상황은 모든 실천의 기준이며 토대이다. 설득은 상황을 제대로 이해하지 않고는 불가능하다. 상대방의 입장과 처지를 고려하여 배려와 이해로 다가갈 때 의사소통은 완성되며 설득은 가능해진다.

용의 거꾸로 난 비늘이 역린(逆鱗)인데 역린을 잘못 건드리면 온순하던 용이 그 자리에서 사람을 물어 죽인다. 설득과 협상을 할 때에도 상대방의 치명적인 약점을 건드리면 설득은커녕 욕을 먹게 된다.

🔑 시스템으로 승부하라

《손자병법》에서의 수도(修道)와 보법(保法)은 조직관리 목표를 분명하게 해주는 것으로서, '수도'는 리더십을 배양하는 것이고 '보법'은 시스템을 운영하는 것이다. 리더십과 체계적인 조직관리야말로 조직을 강하게 만드는 두 축이다.

《손자병법》에서는 유능한 관리자에 대하여, 전쟁을 잘하는 유능한 장군은 조직의 성공을 세(勢)에서 구하지 개인의 능력을 탓하지 않는다고 하였다. 기업이 환경을 제대로 가꾸어 조직을 관리해 나간다면 직원들은 자신의 모든 열정과 노력을 기업 발전에 바치게 된다.

🔑 인재를 육성하라

손자는 오나라의 몇 십만 병사들을 지휘하는 최고의 장군이었다. 장군은 조직의 생사를 결정하는 대표로 전쟁에 나서는 사람이다. 전쟁터든 기업이든 조직에서는 유능한 인재가 필요하다. 유능한 인재를 뽑아 최대한 능력을 발휘하도록 경영해 나갈 줄 알아야 한다. 그래야만 조직이 생존할 수 있다.

🎯 정보를 활용하라

《손자병법》에서 많이 알려진 '지피지기(知彼知己)'에서 '지피'는 상대방에 대한 정확한 정보이고, '지기'는 나에 대한 정확한 정보이다. 따라서 지피지기는 상대방의 강점과 약점에 대한 정보를 획득하여 나의 강점과 약점과 비교함으로써 효과적인 전략과 전술을 세우는 것을 말한다.

프레드 러스트만은 《CIA 주식회사》라는 자신의 책에서 세계 최고의 기업들은 비즈니스 분야에서 선진적인 첩보기술을 활용하고 있으며, 경쟁사가 어떻게 정보를 수집하고 있는지 알고 있다고 말하고 있다. 그리고 경쟁사의 다음 행동을 예상하고 그들의 도둑질로부터 기밀을 지켜내는 일은 신경제시대에서 성공을 거두기 위한 중요 관건이라고 했다.

🎯 혁신으로 경영하라

"적의 변화에 기초하여 다양한 전략과 전술을 구사해 승리를 획득하는 자야말로 귀신같은 조직이다(能因敵 變化而取勝者 謂之神)"라고 《손자병법》에 쓰여 있다. 여기서 귀신같다는 것은 '인간의 한계를 넘어 최고의 능력 있는 조직'이라는 말이다. 신출귀몰하는 조직은 변화를 읽어내는 조직이다. 변화의 흐름을 정확히 짚어내어 결국 승리를 얻어내는 조직이다.

♪ 싸우지 않고 승리하라

《손자병법》에서의 백전백승이란 백 번 싸워서 백 번 모두 이기는 것을 의미하지 않는다. 이것은 최상의 용병술이 아니며, 적과 싸우지 않고 적의 군대를 굴복시키는 것이 최상의 용병술이라고 말한다.

오늘날의 노사관계도 마찬가지이다. 어느 쪽이 승리를 얻었다 하더라도 그 승리가 상대방의 피를 보고 이긴 승리라면 진정한 승리가 아니다. 애초에 싸움 자체를 하지 않고 상대방의 싸울 의도를 꺾어놓는 것이 리더의 역할이다.

CEO가 지녀야 할 5가지 덕목

모두 훌륭한 CEO가 되고 싶어 하지만 실제로 그 조직과 사회에서 존경받는 CEO는 많지 않다. 어떤 CEO가 훌륭한 CEO일까? 박재희 교수는 CEO의 5가지 덕목에 관하여 《손자병법》에서 말하고 있는 '장군이 갖춰야 할 5가지 덕목'과 비교하여 설명하고 있다. 어찌 이렇게 오늘날의 상황과 잘 맞아떨어지는지 놀랍다. 그의 강의 중에서 중요한 부분만 발췌하여 소개한다.

《손자병법》에 '시계편(始計篇)'이 있습니다. 처음 전쟁을 시작하기 전에 계산부터 해 보라는 건데 뭘 계산하냐, 네 가지가 있습니다.

첫 번째는 '도(道)'입니다. 전쟁을 하기 전에 전쟁을 하는 군사나 아니면 전쟁을 시킨 지도자나 국민적 합의가 이루어졌나 살펴봐라. 아무리 무기가 강대하고 힘이 세고 전략이 우수해도 결국은 전쟁은 합의된 어떠한 협동심, 하나로 일치된 단결된 힘이 있어야만 전쟁에서 이길 수 있다는 겁니다.

그 다음 두 번째로 강조한 것은 '천(天)'입니다. 그 당시 모든 지식인들이 하늘을 무슨 명분의 하늘, 주재자적 하늘 이렇게 볼 때, 손자는 하늘을 자연현상 그대로 인식하라고 했습니다. 어둡고 밝고 하는 자연현상으로서의 하늘을 장악하라, 기상을 장악하라고 했습니다.

세 번째가 '지(地)'입니다. 즉 지형에 대한 이해였습니다. 내가 전쟁에 나갈 그 장소의 거리가 먼지 가까운지, 평탄한 곳인지 아니면 험한 곳인지 이런 걸 살펴봐야 전쟁을 해서 이길 수 있다는 겁니다.

네 번째로 중요한 요소가 '장(將)' 입니다. 여기에서 장은 장군이란 뜻이죠. 전쟁을 하는데 일치단결된 국민적 합의도 필요하고, 자연기상에 대한 정확한 객관적 데이터도 필요하고, 또 지형조건에 대한 충분한 분석도 필요하고, 아울러서 이 군대를 끌고 적군에게 가서 군세를 지휘할 장군이 필요한 거죠.

요즘 말로 하면 이게 뭡니까? CEO라고 그러나요? 누구를 경영자로 선발을 할 것이냐, 이것을 네 번째 항목으로 들고 있어요. 그렇다면 어떤 지휘자를, 어떤 장군을 둬야 도대체 나가서 이겨요? 능력 있는 장군이요? 그렇죠. 그럼 어떤 능력이요? 구체적으로 어떤 능력을 가진 장군을 내보내야 전쟁에서 이기느냐, 그걸 구체적으로 제시하고 있는 게 손자의 장군론입니다. 결국은 요즘의 최고경영자론이죠.

손자는 이걸 다섯 가지 항목으로 장군이 지녀야 할 덕목을 나누고 있어요. 그건 단순히 장군만이 아니라 요즘도 마찬가지에요. 요즘도 기업가들이, 경영자들이 이 다섯 가지 덕목을 지니고 조직을 끌고 나가 회사를 경영해 나가면 충분히 승산이 있는 기업과 조직이 될 수 있다는 게 우리가 보려는 입장이죠.

단순히 장군의 다섯 가지 덕목이 뭐냐, 이게 중요한 게 아니에요. 이 시대에 그걸 우리가 어떻게 재발견하느냐가 결국은 우리가 《손자병법》을 읽는 목표 중의 하나입니다.

첫 번째로 '지(智, wisdom)' 입니다. 지혜가 있는 사람이라는 얘기인데, 손자 이전에는 장군의 지도자적 덕목으로 뭘 꼽았느냐 하면 인(仁)을 꼽았어요. 인은 뭡니까? 어질다는 게 뭐예요? 푸근하고 안아주고 너그럽고? 자, 여러분들, 회사 다니시는 분 제가 질문 좀 해봐야 되는데, 어떤 질문이냐면, 그저 인간성 좋고 정말 착하고, 그런데 능력은 지지리 없는 그런 직장상사가 좋아요? 아니면 성질은 안 좋은데 소리도 좀 지르고 하는데 밖에 나가서 일감 잘 따오고 월급 많이 주는 직장상사가 좋아요?

손자 이전에는 남 잘 생각해 주고 법 없이도 살 사람이다 그러죠? 착한 사람이야 좋죠. 어디에서 좋아요? 동네에서. 동네 아저씨의 자리로 돌아가면 지적인 능력보다 남의 집에 가서 눈도 쓸어주고 그런 아저씨가 좋아요. 그런데 《손자병법》에 첫 구절 기억나요? "전쟁은 사람이 죽고 사는 것이다. 국가의 존망이 달려 있는 것이다." 기업은 어때요? 한 가족의 수십 명이 직장에 매달리고 있는 곳이란 말이에요. 그 경영자 그 상사 사람 좋다, 착하다 이것만 갖고 될 게 아니란 말이에요.

그래서 손자는 첫 번째로 지혜가 있어야 된다 이거예요. 그런 지적 능력 없이 인간성만 좋은 사람이 경영자가 되고 장군이 되면, 그야말로 5만 명 데리고 나가서도 병사들을 다 굶어 죽이는 거예요. 그런데 이 지혜는 명문대 나와서 300억 해먹는 그런 지혜가 아니에요. 여기에서의 지혜란 여러 상황을 통합적으로 살필 수 있는 객관적 분석력을 가진 지혜를 말합니다. 명분 있는 지혜인 거죠.

두 번째로 꼽는 것은 '신(信, sincerity)' 입니다. 신이란 건 뭐예요? 믿음이에요. 주한미국상공회의소 소장이 이런 인터뷰를 했어요. 한국기업의 가장 큰 문제점이 뭐냐, 하니까 그 문제점을 든 중에 제일 먼저 든 것이 믿을 수가 없대요. 도대체 한국기업에서 매출이라고 나온 게, 총자산이라고 나온 게 이게 뭐 분식점 회계인지 뭔지 다 부풀려 있단 말이에요. 그러니까 우리나라에 좋은 기업들은 많은데 외국에서 가치를 70%밖에 인정해주지 않아요.

자공이라는 제자가 공자에게 물었어요. "정치를 어떻게 했으면 좋겠습니까?" 그랬더니 공자가 이렇게 답했어요. "족식(足食), 족병(足兵), 민신지의(民信之矣) 이 세 가지가 있어야 한다." 즉 식량을 풍족하게 하고, 군비도 풍족하게 하고, 백성들로 하여금 신뢰하게 하는 것이라는 말이죠.

그러자 자공이 그럽니다. "선생님, 저 셋 중에서 제일 먼저 떨어버릴 것은 무엇입니까?" 이에 공자가 말하기를 "나한테 힘이 없으면 남한테 무릎 꿇고 살아야 한다" 라고 합니다. 힘이 없으면 방법이 없는 거예요. 그러니까 제일 먼저 없어져도 되는 건 군대다. 그 다음 없어져도 되는 건 먹는 거다. 그런데 믿음이 없으면 먹는 게 먹는 게 아니다. 믿음이 있어야 정부와 국민 간에, 기업과 직원 간에 따뜻한 정이 느껴진다 이겁니다.

세 번째가 '인(仁)' 입니다. 인이 뭡니까? 어질다는 게 뭐에요? 공자의 제자가 물어요. "선생님, 인이 뭡니까?" 그랬더니 공자가 "인이라는 건 사랑이야. 남을 사랑해주는 것이다" 라고 말합니다. 다시 말하면 뭐예요? 남에 대한 배려지요. 배려는 어디에서 시작해요? 나도 충분히 저럴 수 있다는 생각, 내가 먹고 싶으면 남도 먹고 싶을 수 있다는 생각, 이것이 인의 시작이에요.

그래서 인이란, 내가 높아지고 싶으면 남부터 높여주는 것, 내가 갖고 싶으면 남부터 갖게 하는 것, 이게 인이지요. 지도자가 혹은 장관이 물론 지적인 분석력 그 다음에 신뢰도 중요하지만 그 기반 속에는 따뜻함이 있어야 돼요.

네 번째는 '용기' 입니다. 용기라는 건 뭡니까? 장군이 전쟁에 나가서 자기는 앞으로 나가지도 않으면서 부하들에게만 "공격 앞으로!" 그러면 그건 용기가 아니죠. 자기가 먼저 나갈 수 있는 용기가 장군의 네 번째 덕목입니다.

《논어》에 이런 이야기가 나와요. '인자필유용(仁者必有勇), 용자불필유인(勇者不必有仁)'이라. 사랑이 있는 지도자는 반드시 용기도 있을 수 있다. 그런데 용기 있는 사람이 반드시 사랑을 지니고 있는 건 아니다. 그렇죠? 저 사람이 죽는 게 안타까울 수 있으니까 대신 나가서 죽어 줄 수 있는 용기가 있단 말이에요. 결국 용기의 밑바닥에는 사랑이 있는 거예요.

다섯 번째가 '엄(嚴)'이에요. 엄숙함. 엄격한 군법의 시행을 할 줄 아는 사람. 여러분 읍참마속(泣斬馬謖)이란 말 들어보셨죠?《삼국지》에 나오는 이야기로 유비가 많은 장군들을 거느리고 다녔는데 그 가운데 '마속'이란 장군이 있었어요. 유비는 제갈공명보다 먼저 죽으면서 유언을 해요.

"제발 저 마속의 말을 믿지 마라. 저 마속은 말이 앞서는 사람이기 때문에 저 사람 말을 믿다간 큰 화를 당하게 될 것이다. 용기는 좋긴 좋으나 말을 믿지는 마라."

제갈공명이 "알았습니다!" 하죠. 그때 가정이라는 지역을 지켜야 하는데 마속이 나서서 자기가 지키겠다고 합니다. 이에 많은 장군들이 반대하고 제갈공명도 허락하지 않으니까, 계속 마속이 자기한테 맡겨달라고 얘기를 해요. 그래서 결국 간청에 못 이겨 가정을 맡게 해요. 그 결과는요? 마속이 흥분한 나머지 그곳에서 대패를 하고 군사들을 다 몰살시켜요.

그러고는 마속이 제갈공명 앞에 왔어요. 군법에 의하면 사형이에요 사형. 사람들이 다 쳐다봤겠죠? 과연 죽일 것인가, 말 것인가. 그때 제갈공명은 눈물을 흘리면서 마속의 목을 베라고 명합니다. 뭘 위해서요? 대의를 위해서, 조직을 위해서요.

저는 이 시대의 지도자들도, 물론 젊어서부터 고생한 사람들 옆에서 같이 보살피고 싶겠지요, 그렇지만 눈물을 흘리면서 이 나라를 위해서 베어야 할 사람은 과감하게 베어야 한다고 생각합니다.

120

❶ 다양한 방법으로 트렌드의 변화에 대처하라.

❷ 정보를 많이 아는 자가 승리한다.

❸ 비전은 곧 희망이다.

❹ 날마다 나를 새롭게 하라.

❺ 어떤 분야든 끝까지 파고들어 고수가 되라.

❻ 위기를 기회로 전환하라.

❼ 상대방의 약점을 함부로 건드리지 마라.

❽ 의사소통을 정확하게 하라.

❾ 우물 안 개구리가 되지 마라.

❿ 가지 말아야 할 길은 가지 마라.

chapter 06

감성 · 유머 · 감동
시인의 **감성**으로 **감동**의 **삶**을 **전파한다**

_ 용혜원

●●● 용혜원 시인은 《문학과 의식》을 통해 등단했으며 한국문인협회 회원, 한국기독교문인협회 이사로서 활발한 창작 활동을 하고 있다. 각종 기업체 및 단체에서 성공 비결, 인간관계, 리더십, 유머 경영, 인성 훈련, 열정 등을 주제로 강연을 하고 있으며, 《한국경제신문》과 한국강사협회에서 명강사로 선정되기도 했다. 70여 권의 시집을 비롯하여 140여 권의 저서를 출간하는 등 활발한 저술 활동을 해오고 있다.

저서로는 《사랑한다는 말을 하고 싶을 때》《너를 만나면 더 멋지게 살고 싶어진다》《당신을 기다리고 있습니다》《성공노트》《성공을 부르는 유머》《열정 깨우기》《독자들이 좋아하는 용혜원의 시》 등이 있다.

시 쓰는 남자의 세상 이야기

용혜원 강사는 시인이다. 그것도 우리나라 여성들이 한 권 이상은 이 시인의 시집을 가지고 있다고 할 정도로 인기가 많다. 그는 남녀의 사랑과 이별, 만남의 시를 많이 썼다. 그의 시는 애잔하고 아름답고 애틋하다. 그래서 그의 시를 읽다 보면 사람들은 시인의 외모에 대해 낭만적인 상상을 하게 된다. 그러다가 용혜원 시인을 만나면서 사람들은 세 번 놀라게 된다고 한다.

처음에는 용혜원이란 이름을 보고 여자인 줄 알았다가 남자라서, 그다음은 시를 보고선 세련된 외모를 지녔을 거라고 생각했다가 아니라서, 그리고 다소 투박하고 무뚝뚝하게 생긴 그의 외모를 보고선 재미없을 거라고 생각했다가 실제론 대단히 재미있어서. 그는 한국경제신문과 한국강사협회에서 명강사로 선정될 만큼 강의를 잘한다. 그의 강의는 감성적인가 하면 사람들을 박장대소하게 하는 재미도 있다.

그가 처음부터 명강사였던 건 아니었다. 그가 감성적인 시를 쓰니까 청소년들의 집회와 젊은이들의 강의에 초대되었다. 그런데 용혜원 시인은 사실 대단히 열정적이고 에너지가 넘치는 사람이다. 더 많은 사람들이 자신의 이야기에 귀를 기울여주었으면 하는 마음이 왜 없었겠는가. 그는 그때를 이렇게 말한다.

"주로 청소년들을 대상으로 한 강의를 하다가 나이가 들어가면서 기업체 강의를 하기를 원하고 준비했다. 그런데 어느 날 기업체에서 강의 요청이 와서 온몸이 젖도록, 목이 쉬도록 열정적으로 강의를 했다. 그랬더니 그 뒤에 소문이 나서 여기저기에서 나를 부르더라."

그는 강의로 최고의 인기를 얻고 있는 지금도 강의를 하면서 혼신의 힘을 다한다. 요즘도 온몸이 젖을 정도로 강의를 하고 있다. 처음의 열정이 그대로 유지되고 있다는 것은 강의를 보면 알 수 있다. 그의 강의를 듣다 보면 듣는 사람까지도 몸이 뜨거워질 만큼 강렬한 에너지와 열정이 느껴진다.

그는 지금까지 140권 이상의 책을 썼다. 그리고 그는 시인이 되기 위해서 2만 권 이상의 시집을 읽었고, 수백 번 이상 성경을 읽었다고 한다. 베스트셀러 시인과 명강사는 그냥 만들어진 게 아니다.

그의 강의 주제는 행복한 삶과 성공에 관한 것이다. 인간이 어떻게 살아야 행복할 수 있으며, 성공할 수 있는가는 모든 사람들의 연구과제이다.

한 청년이 우연히 어떤 집을 지나게 되었다. 그 집 마당의 벤치에는 한 노인이 행복하고 평화롭게 책을 읽고 있었다. 보기 좋은 모습이었다. 청년은 자신도 그 노인처럼 늙어가고 싶다고 생각해서 노인에게 물었다.

"어떻게 하면 당신처럼 평화롭고 멋지게 살아갈 수 있을까요?"

노인은 읽고 있던 책을 내려놓고선 이렇게 말했다.

"나는 하루에 담배 세 갑을 피지요. 일주일에 독한 양주를 한 박스 마신다오. 매 끼니 때마다 고기 없이는 밥을 먹지 않고 운동은 전혀 하지 않아요."

"오, 정말이요? 그렇다면 연세는 어떻게 되십니까?"

"나는 26세라오."

삶의 방법이 어떠냐에 따라서 인생은 이렇게 달라질 수 있다. 얼마든지 나이보다 젊게 살 수도 있고, 반대로 나이보다 훨씬 늙어 보이는 모습으로 살 수도 있다. 그래서 어떤 가치관을 가지고 살아가느냐가 중요하다. 사람들이 유명한 강사들의 강의에 귀를 기울이는 것도 그 때문이다. 그 중에서도 용혜원 시인의 강의는 사람들에게 희망을 주고 용기를 주기 때문에 어디에서나 박수를 받는다.

용혜원 시인의 강의 특징과 매력

용혜원 시인의 어떤 점들이 최고의 인기강사를 만든 걸까? 그가 가진 매력과 강의 특징을 면밀히 살펴보자.

🎤 감성 내면과 비감성 외면의 조화이다

그의 외모는 투박한 된장뚝배기를 닮아 있다. 허름한 옷을 걸치고 밀짚모자라도 하나 쓰면 영락없이 시골에서 막 올라온 농사꾼으로 보일 것이다. 게다가 목소리는 연기자 이계인과 흡사할 정도로 굵고 탁하고 웅장하다. 겉만 봐서는 그저 막걸리 이야기나 하면 딱이게 생겼다.

그런 그가 어울리지도 않게 시인이란다. 그냥 시인이 아니다. 소녀와 같은 여리디 여린 감수성으로 풀잎이슬과 같은 맑고 아름다운 시를 쓰는 시인이다. 여성들이 그의 시를 읽으면서 감동의 눈을 흘리는 건 그리 놀랄 일도 아니다.

그렇지만 그의 시를 읽고선 청순한 아가씨의 모습을 연상하거나, 수려한 외모의 얼짱남을 생각했다간 그를 보자마자 깜짝 놀랄 것이다. 그리고 대번에 "오마낫, 속았어!" 하게 될 것이다. 그렇다고 놀란 사람들이 용혜원 시인에게 등을 돌리느냐? 천만의 말씀이다. 그의 강의를 듣다가 보면 어느새 얼짱 시인이 아닌 게 용서(?)가 된다. 왜? 강의를 잘하고 재미있으니까.

그의 우직하고 투박하게 생긴 외모와 우렁찬 목소리로 감성어린 시를 읊어대는 걸 듣고 있노라면 사람들은 그가 천상 시인이라는 걸 알게 된다. 시인이 시로 독자를 '무지하게' 울려 놓고선, 강의를 하면서는 다시 '무지하게' 웃겨 준다. 어찌 이 남자에게 안 반하겠는가.

🎵 듣는 사람과 함께 하는 강의이다

용혜원 시인의 강의 특징은 사람들을 졸지 못하게 한다는 것이다. 사실 어떤 강의든 몇 명은 꾸벅꾸벅 졸기 마련이다. 그런데 그는 강의를 들으러 온 사람들을 가만 두지 않는다. 간밤에 잠을 못 자서 정신없이 잠이 쏟아지는 사람에게는 "아이 참" 하는 불만이 나올 만하다.

과장되게 말하면 그는 사람들을 들들 볶는다. 어떻게? 일단 그의 목소리는 워낙 우렁차서 마이크 없이도 실내를 울릴 정도이다. 그 다음은 툭하면 "자, 다 함께 외쳐 봅시다!"를 외친다. 다른 데 한눈을 팔거나 졸고 있을 틈을 주지 않는다. 그 다음은 주기적으로 듣는 사람들의 의견을 묻고 질문을 던진다.

그는 사람들의 반응에 따라 강의의 흐름을 전개해 간다. 그리고 3~4분에 한 번씩은 빵빵 크게 웃겨 준다. 그러다 보면 한 시간이 훌쩍 지나간다. 사람들은 용혜원 시인의 강의를 구경만 하다 나왔다는 느낌이 아닌, 함께 즐겁게 놀았다는 느낌으로 돌아가게 된다.

유머 전문가로 사람들을 즐겁게 한다

용혜원 시인은 '유머자신감연구원' 원장으로《성공을 부르는 웃음, 유머》외 여러 권의 유머 관련 저서를 출간한 유머 전문가이기도 하다. 그는 사람이 성공하는 데 있어서 유머와 열정, 자신감이 필수조건이라고 말할 정도로 유머의 가치를 중요하게 생각한다.

그는 힘들고 어려울 때 억지로라도 자꾸 웃으면 상황은 긍정적으로 변한다고 말한다. 그래서 그는 자기 강의를 듣는 사람들에게 내내 즐겁고 유쾌한 웃음을 제공한다.

그에게는 국내외의 다양한 웃음 소재들이 비축되어 있다. 필요한 때에 웃음 총알을 장전하여 버튼만 누르면 될 정도이다. 아마 그가 유머를 활용하지 않았더라면 그는 지금처럼 인기강사가 되지 못했을 거라고 생각한다.

그가 무표정하게 진지한 자세로 강의를 하는 걸 상상하면 나는 벌써 끔찍하다. 지루하다. 그러나 그는 강의 내내 웃고 있고, 웃겨 준다. 자신의 투박하고 거칠어 보이는 외모의 단점을 부드럽게 바꿔 준 것은 유머였다. 웃음이 사람을 성공시킨다는 그의 말이 그 자신을 통해서 증명된 셈이다.

🎵 낭만적이고, 뜨겁고, 열정적이다

처음에 그의 강의를 들으면서 느낀 감정은 솔직하게 '와, 오버!' 였다. 그런데 그 후 여러 번 그의 강의를 듣게 되면서 그의 오버는 그의 차별화된 전략이라는 걸 알았다. 그는 과장된 제스처와 목소리를 통하여 사람들을 집중하게 하고 보는 즐거움을 주고 있는 것이다.

그는 때론 고양되고 상기된 목소리로 시를 낭송하기도 하고, 때론 손발이 오그라들 정도의 낭만적인 언어를 구사하기도 한다. 그리고 무엇보다도 그는 그 모든 것을 표현하는 데에 있어서 열정적이다.

앞에서도 말한 것처럼 그는 매 강의를 '팬티가 젖을 정도로' 정말 열심히 한다. 그의 강의를 들어보지 않은 사람들은 "시인이 하는 강의가 뭐 있겠어?" 하다가도 그의 강의를 접하고 나면 그가 왜 인기가 있는지를 인정하게 된다.

🎵 주부들을 위한, 주부들의 맞춤 스타강사이다

용혜원 시인의 강의는 일단 쉽다. 그리고 우리 일상에서 가까운 곳에 있는 소재들을 가지고 이야기를 하기 때문에 거리감이 없다. 특히 그가 꺼내는 사례들 중 가족 이야기들은 일반적이 사람들이 모두 공감할 수 있는 이야기라서 쉽게 그에게 동화된다.

그는 부부애, 자식애, 가족애를 그만의 유머러스한 화법으로 재미있게 말하는 기술을 가지고 있다. 그의 강의를 좋아하는 사람들 중에 주부들이 절대적으로 많은 수를 차지하는 건 그런 점에서 공감과 지지를 얻기

130

때문이다.

　가정생활에서 점점 메말라가는 주부들의 감성을 그는 시적 감수성을 통하여 삶의 낭만을 되찾게 해 주고, 웃을 일이 없는 주부들에게 그는 빵빵 웃음폭죽을 터뜨려 준다. 그리고 인생은 아무리 힘들고 괴로워도 여전히 살 만한 가치가 있다는 걸 깨닫게 해 준다. 이쯤 되면 주부들이 "혜원 옵빠!"를 외쳐댄다 해도 전혀 이상할 게 없다.

감동이 넘치는 삶을 살아야 성공한다

사람들에게 인생의 목표가 뭐냐고 물으면 대부분 '행복' 이나 '성공' 을 말한다. 그리고 사람들은 이 둘을 대개 다르지 않게 생각한다. 행복하려면 성공해야 한다거나 성공하면 행복해진다고 믿기 때문이다. 그러면 성공한다는 것은 무엇이고 행복이라는 것은 무엇일까. 사람마다 자신의 조건과 처한 환경에 따라서 성공에 대한 기준도 다르다.

그러면 나이별로 성공의 조건은 무엇일까? 다음과 같은 조건은 어떤가.

- 탄생 : 숨을 제대로 쉴 수 있으면 성공

- 2~3세 : 대소변을 가릴 수 있으면 성공

- 10세 : 친구가 있으면 성공

- 18세 : 운전할 수 있으면 성공

- 20세 : 거시기(?)를 할 수 있으면 성공

- 30~50세 : 열심히 일할 수 있는 직장이 있으면 성공

- 60세 : 거시기(?)를 할 수 있으면 성공

– 70세 : 친구가 있으면 성공

– 80세 : 대소변을 가릴 수 있으면 성공

– 90세 : 숨을 제대로 쉴 수 있으면 성공

물론 이건 웃자고 나온 말이니 죽자고 따지고 달려들 필요는 없다. 어쨌든 성공이란 게 참 예민한 가치이다. 무엇을 성공의 조건으로 보느냐에 따라서 같은 환경 속에서 누구는 행복할 수도 누구는 불행할 수도 있기 때문이다. 분명한 건 성공의 조건이 사람마다 조금씩 다를지는 몰라도 자기 인생에서 중요하게 생각하는 삶의 가치는 있기 마련이다.

문제는 대한민국 사회에서 성공지상주의를 부르짖다 보니 정작 성공하고 나서도 행복하지 않은 사람이 많다는 것이다. 오로지 성공만을 향하여 달려가다가 많은 것을 잃는 사람들도 있다. 그럼에도 많은 사람들은 여전히 성공해야 한다고 생각하면서, 어디론가 정신없이 달려가고 있는 중이다.

대한민국에서 '안철수' 하면 성공한 사람을 상징한다. 그는 의사, 의대 교수, 컴퓨터 바이러스 백신 개발자, 벤처기업 안철수연구소 최고경영자(CEO), 한국과학기술원(KAIST) 교수에 이르기까지 누구보다 성공한 삶을 살았다. 그는 성공의 기준을 어떻게 생각하고 있을까? 2010년 1월에 여성신문사와 한 인터뷰에서 그는 이렇게 말하고 있다.

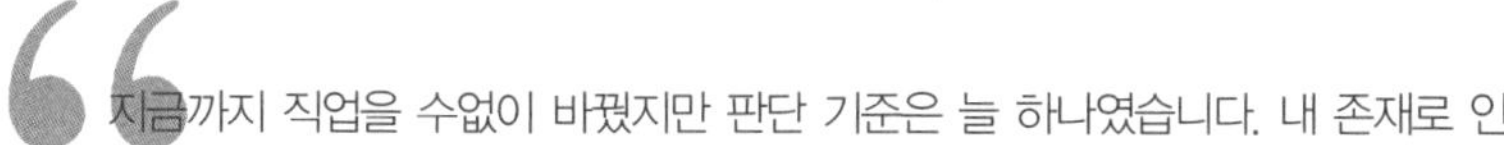

해 사람들의 생각과 사회제도가 변화했으면 좋겠다, 선하고 좋은 영향력을 미칠 수 있는 작은 차이를 만들어내자, 이것이 제가 세운 성공의 기준입니다.

소셜 디자이너(social designer)가 되고 싶으세요? 그렇다면 우선 '성공'에 대한 자신만의 기준을 세우십시오. 그것을 진심으로 믿고, 그것에 따라 판단하고 행동한다면 당신도 이미 소셜 디자이너입니다.

선택의 순간이 되면 비로소 감춰져 있던 자신에 대해 알게 된다고 합니다. 많은 이들이 저에게 기득권을 버리고 과감한 선택을 할 수 있었던 비결을 묻습니다. 하지만 저는 오히려 선택이 쉬웠습니다.

의사보다는 컴퓨터 바이러스 백신 개발자가 이 세상에 저의 흔적을 더 많이 남길 수 있는 일이라고 생각했어요. 한 회사를 잘 운영하는 것보다 더 많은 회사가 잘 운영되도록 기여하고 싶어서 CEO를 그만뒀죠. 대학에 간 것도 20대 청년들이 도전정신을 가진 좋은 기업가가 될 수 있도록 돕고 싶어서입니다.

그가 성공할 수 있었던 것은 그 자신이 정말 자기가 원하고 좋아하는 가치를 찾아 열심히 살았기 때문이라는 걸 알 수 있게 해준다. 사회에서 요구하고 사회의 틀에서 만들어진 성공의 기준에 맹목적으로 쫓아갔다면 그의 인생은 또 달라졌을지도 모르겠다.

그렇다면 성공학 강사로도 알려진 용혜원 시인은 성공을 어떻게 말하고 있을까. 그는 성공이란 자신이 하는 일에서 최고가 되는 것을 말하지만, 그 전에 자신의 삶과 일에 있어서 매력적인 사람이 되는 게 중요하다고 말하고 있다. 그리고 그는 성공하는 사람이 되기 위해선 세상을 바라

보고 인식하는 태도와 관점이 달라져야 한다고 말한다. 성공으로 가기 위한 준비가 필요하다는 것이다.

용혜원 시인은 자신의 책 《성공노트》에서 성공하기 위한 삶의 태도와 의식에 대해서 수십 개의 항목으로 나누어 설명하고 있는데, 그 중에서 중요한 몇 가지만 살펴보려고 한다.

🎵 마음가짐에 대하여

성공의 마음가짐에서 중요한 것은 긍정적인 생각과 자신감이다. 마음의 틀에 갇혀 있는 사람은 성공할 수 없다. 긍정적인 생각을 갖는 것은 마음속의 어둠과 절망의 요소를 없애준다. 긍정적인 생각은 열등감을 없애주는 요소이며 열등감이 없어야 자신감을 갖고 행동할 수 있다. 그러기 위해서는 자신을 스스로 얕잡아 보는 생각부터 버려야 한다. 사람을 강하게 만드는 건 사람의 일이 아니라 하고자 하는 노력이다.

🎵 목표에 대하여

목표를 설정하는 순간 성공은 이미 시작된 것이다. 하지만 목표 설정을 무리하게 하면 도전도 해보지 못하고 쓰러지게 된다.

- 성공 가능성이 있는 목표를 세워라.
- 0에서 출발해라.
- 첫 단추가 잘못 채워졌으면 풀어서 다시 시작해라.

- 문제를 찾기보다 해답을 찾아라.

- 실수를 인정하고 일어서라.

- 목표를 향해 전력질주하라.

🔑 인맥에 대하여

사람은 다른 사람들과의 관계를 통하여 발전한다. 사람들을 어떻게 관리하고 어떤 노력을 하느냐에 따라서 그들은 나의 협력자도 되고 지지자도 된다. 따라서 인맥 관리는 성공으로 나아가기 위한 관문이다.

- 마음을 열어라.

- 예의를 갖추어라.

- 상대방을 칭찬하라.

- 상대방의 이야기를 들어줘라.

- 먼저 주어라.

- 공통의 관심사를 찾아라.

- 약속을 잘 지켜라.

🔑 시간에 대하여

시간의 중요성에 대하여 괴테는 "시간이 언제나 당신을 기다리고 있다고 생각하지 마라! 게을리 걸어도 결국 목적지에 도달할 날이 있을 것이라는 생각은 잘못이다. 하루하루 전력을 다하지 않고는 그날의 보람

은 없을 것이며, 동시에 최후의 목표에 능히 도달하지 못할 것이다."라
고 말했다.

모든 사람이 하루 24시간을 가지고 생활한다. 그러니까 시간에 있어
서만큼은 모두가 공평하다. 그런데 시간 관리를 잘한 사람들은 자신의
삶을 성공으로 이끌었고, 시간 관리에 실패한 사람들은 인생에 있어서도
실패했다.

🎵 탐욕에 대하여

에리히 프롬은 "탐욕에 사로잡히는 자는 언제나 가난하다"고 말했다.
욕심이 많은 사람은 만족할 줄 모르기 때문에 늘 불행하고, 늘 불만에 차

있고, 비굴해질 수밖에 없다. 그리고 중요한 순간에 탐욕 때문에 그릇된 판단을 해서 일을 그르치게 한다. 그래서 탐욕이 많은 사람은 성공하기도 그만큼 어렵다.

🕐 휴식에 대하여

헨리 포드는 "일만 하고 휴식을 모르는 사람은 브레이크가 없는 자동차와 같이 위험하고, 쉴 줄만 알고 일할 줄 모르는 사람은 모터가 없는 자동차와 마찬가지로 쓸모가 없다"고 하였다.

사람들 중에는 성공이란 목표를 정해 놓고 쉬지 않고 달려가는 사람이 있다. 그러나 언젠가는 에너지가 고갈되기 때문에 목표에 다다르기 전에 일찍 지치게 된다. 반면에 적당히 쉴 줄 알면서 나아가는 사람은 늘 일정한 호흡을 유지하기 때문에 과부하가 오지 않는다. 그래서 잘 쉬는 것은 중요하다.

성공학에서뿐만 아니라 용혜원 시인의 삶의 철학은 크게 웃음과 여유에서 찾을 수 있다. 이런 정서는 그가 신학을 전공한 동시에 시인이라는 배경과도 무관하지 않다. 그는 신학공부를 통해 삶과 죽음에 대한 깊은 통찰력을 가지게 되었을 것이며, 시를 통해서는 창조적 가치에 대한 숭고한 의미를 깨달았을 것이다.

따라서 그가 해석하는 행복과 성공이란 가치는 즉물적인 것이 아니라 그 이상의 가치를 지닌 것이다. 그래서 그의 강의는 사람들에게 '빨리,

빨리'를 권하지도 않고, '더 많이'를 가르치지도 않고, '최고와 일류'를 가장 높은 곳에 두지도 않는다. 그가 가장 힘주어 말하는 것은 순리를 거스르지 않는 범위 내에서의 자연스럽고도 열정적인 삶이다.

그의 강의를 듣고 난 사람들이 자신의 처지를 한탄하며 상대적인 박탈감에 빠지지 않게 하는 것, 그러면서도 주먹을 불끈 쥐고 희망에 대해 긍정하게 하는 것, 그것이 용혜원 시인의 장점이다.

인생을 풍요롭게 하는 지혜

다음 내용은 용혜원 시인이 '인생을 풍요롭게 하는 지혜' 란 주제로 한 강의 중에서 일부를 그대로 옮긴 것이다. 그는 인생을 즐겁고 재미있게 살기 위해 다섯 가지의 지혜의 끈(발끈, 매끈, 질끈, 화끈, 따끈)이 있다고 하면서 거기에 맞는 사례와 내용들을 소개하고 있다.

인생을 매끈하고 따끈따끈하게

인생에는 두 가지 길이 있는 것 같아요. 성공으로 가는 길이 있고 위대한 길이 있는데, 삶의 끈을 잘 묶고 풀고 매고 잘 감아야 인생이 풀리는 거죠. 이런 말이 있잖아요. "오늘 나에게 열린 문은 어제까진 벽이었다."

지금 많은 사람들이 어려움을 겪고 있는데 우리 모두가 벽을 문으로 만들어서 멋진 인생을 만들어가면 좋겠습니다. 그러기 위해선 활동하지만 말고 행동하라 이겁니다. 활동은 그냥 움직이는 거고, 행동은 목적이 있어 움직이는 겁니다.

여러분, 사랑이 우리에게 1회용 사랑이 아니라 가마솥 사랑이어야 합니다. 가마솥은 퍼줘도, 퍼줘도 남으니까 인생 한 번 멋지게 살자고요.

바바라 햄필은 이렇게 말했어요. "무질서는 결정을 뒤로 미루기 때문에 일어난다." 제가 어느 날 지하철을 타서 광고를 보니 "나를 화창하게 하라!" 이렇게 써있는 거예요. 저는 원래 까만 편이거든요. 우리 엄마가 불 끄고 낳아서 그래요. 그래서 자꾸 웃고 살았더니 인생이 화창해지더라고요.

일본에서 어떤 여성이 암으로 죽어가면서 남편에게 이렇게 말했어요. "당신이 있어서 정말 행복했습니다." 여러분, 이런 말을 죽을 때만 하지 말고 늘 평상시에 하라 이겁니다. 무하마드 알리는 이런 말을 했습니다. "챔피언이란 체육관에서 만들어지는 게 아니라 자기 마음속에 있는 꿈과 희망과 이상 때문에 만들어진다." 우리한테도 꿈과 희망과 이상이 있단 말이죠. 그걸 쭉 펼칠 때 우리 인생이 달라진단 말이죠.

어떤 남자가 사업에 실패해서 아파트 베란다에서 마지막으로 담배 한 대 피고 떨어져 내려 죽으려고 결심을 한 거예요. 그런데 그날따라 아내가 집안으로 막 들어섰는데 남편이 그렇게 멋있어 보이더래요. 얼마나 중요한 순간입니까. 아내가 손을 흔들면서 "여보, 나예요. 사랑해요!" 라고 하는 거예요. 그러니 남편이 죽고 싶겠어요? 담배를 던져버리고 그대로 뛰어가서 아내를 와락 안고 잘살았다는 전설 같은 이야기입니다.

그러니까 우리가 힘들고 어려울 때 눈짓 하나 말 한마디가 사람의 인생을 바꿔놓는다 이겁니다. 저는 작년에 중국 지진 났을 때 돌무더기에 갇혀 아내에게 전화했던 남자 이야기가 늘 가슴에 전율처럼 남아 있습니다. "여보, 나 아무것도 필요 없어! 당신만 있으면 돼!" 했다지요. 그런데 그 남자가 결국 죽었어요.

그런데 평상시에 여자들은 어떠냐. "여보, 나 아무것도 필요 없어. 그렇지만 돈은 벌어 와!" 이러잖아요. 여러분, 인생을 살 때 정을 주면서 따끈따끈하게 살 때 살맛이 나는 것입니다.

행복

벤저민 프랭클린은 말했습니다. "열정이 휘몰아칠 때 거기에 몸을 맡겨라." 저는 이런 말을 하고 싶어요. "세상이란 열정의 바다에 우리의 마음인 장작을 확 던져서 불태우자." 요즘 힘들고 어려운 분들, 세상이란 열정의 바다에 마음의 장작을 던져서 불태웁시다.

우리 인생은 누에고치 같아요. 누에고치가 8cm밖에 안 되는데 여기서 실을 뽑으면 1,200~1,500m가 나옵니다. 그런데 많은 사람들이 자신을 8cm라고 생각한단 말이지요.

여러분, 씨앗에서 싹이 날 때 자기 힘의 200배가 자랍니다. 그러나 씨앗이 아무리 좋아도 씨앗보관소에 있으면 효과가 없습니다. 자기를 뚫고 나와서 가지가 자라고 줄기가 자라면 감나무 하나에 감이 만 개까지 열려요. 여러분, 자기를 자라나게 해서 인생을 멋지게 살아야 해요. 여러분 외칩시다. "나도 감나무처럼 줄기가 쫙 자라고 가지가 쫙 펼쳐져서 열매가 주렁주렁 열립시다!" 여러분, 인생의 열매를 맺으면 얼마나 좋겠어요.

옛날에 한 장수가 있었는데, 어머니는 장터 여자고 아버지는 술주정뱅이에요. 어느 날 전투에서 이기고 돌아왔더니 가문 좋은 장수가 비웃어요. "야, 이 자식아! 너희 집안을 봐. 너희 어머니는 장터 여자고 아버지는 술주정뱅이야. 전투 한 번 이긴 거 갖고 까불지 마라. 나는 아버지도 장수, 나도 장수, 내 아들도 장수다." 그랬더니 가문 안 좋은 장수가 어떻게 한지 아십니까? 껄껄껄 웃더니 "내 가문은 오늘부터 나로부터 시작된다!" 했어요.

여러분, 우리 자식들한테 우리 스스로가 이런 마음을 갖고 있으면 멋지게 승리할 겁니다. 톨스토이가 뭐라고 그랬냐 하면 "이 세상에서 가장 중요한 때는 바로 지금이고, 가장 중요한 사람은 바로 지금 당신 곁에 있는 사람이고, 가장 중요한 일은 당신 곁에 있는 사람을 위해 좋은 일을 하는 것이다." 했습니다.

이것이 우리가 이 땅 위에 살고 있는 이유입니다. 자, 외쳐 봅시다. "이 세상에서 행복해야 할 사람은 그대 그리고 나!" 그러니까 여러분, 행복하려면 혼자서는 절대 안 됩니다. 더불어 행복해야지.

❶ 말은 곧 그 사람의 삶 전체를 움직인다.

❷ 유머와 웃음은 행복과 여유를 선물한다.

❸ 자신에게 주어진 기회를 잘 잡아라.

❹ 나의 약점을 극복하라.

❺ 일회용 사랑이 아닌 가마솥 사랑을 하라.

❻ 열심히 웃고 살면 인생이 화창해진다.

❼ 내가 갖고 있는 것을 소중히 여겨라

❽ 변화를 두려워하지 마라.

❾ 나에게 찾아온 사랑을 잃지 마라.

❿ 나에게 힘이 되어주는 사람을 만나라.

chapter 07

긍정 · 인간관계 · 마음경영
세상을 변화시키는 긍정의 심리학자

_ 이민규

●●● 서울대학교 대학원 심리학과에서 임상심리학을 전공, 동 대학교에서 석사와 박사학위를 취득했다. 공군에서 징병 선발과 심리검사 담당 장교로 복무한 후, 서울대학교 학생생활연구소에서 카운슬러로 일했다. 조선대학교 의과대학 정신과 교수를 거쳐서 현재는 아주대학교 심리학과 교수로 재직 중이며, 아주대학교 부설 '아주 심리상담센터' 소장을 역임했다.
저서로는 《끌리는 사람은 1%가 다르다》《1%만 바꿔도 인생이 달라진다》《네 꿈과 행복은 10대에 결정된다》《생각을 바꾸면 세상이 달라진다》 등이 있다.

사람의 마음을
일으켜 세우는 남자

얼마 전에 결혼한 친구가 밥을 산다고 해서 친구들 몇 명이 함께 만난 적이 있었다. 연신 싱글벙글 웃고 있는 결혼한 친구한테 대뜸 한 친구가 이렇게 물었다.

"짜샤, 그렇게 행복하냐?"

그러자 결혼한 친구가 대답했다.

"그래 짜샤, 행복해 죽겠다."

이렇게 우리는 일상에서 '행복'이란 말을 자주 사용한다. 다들 왜 사냐고 묻거나, 인생의 목표는 뭐냐고 물으면 대부분 '행복'이라고 말한다. 그렇다면 나는 행복할까? 나는 삶에서 바라는 욕심이나 욕망이 크지 않기 때문인지 이 정도면 행복하다고 말할 수 있다. 물론 나는 내 의지 여하에 따라서 지금보다 더 많이 행복해질 수 있다는 걸 안다. 그 중에서 내 행복지수를 좌우하는 중요한 하나는, 사람들이 더 많이 웃음을 즐기며 살아가는 것이다.

사실 우리나라 사람들은 잘 웃지 않는다. 그만큼 행복하지 않기 때문이다. 최근에 영국의 신경제재단이 조사한 바에 따르면, 한국인의 행복 지수는 세계 178개국 중 102위에 불과하다고 한다. 우리나라 사람들은 자신의 행복 조건에 대해 지나치게 높게 생각하고 있기 때문에 쉽게 만족할 줄을 모른다. 늘 무언가 부족하다고 생각하고, 결핍되었다고 생각하니까 만족할 수 없고 행복감도 느끼지 못한다.

긍정심리학의 대가이며 미국 펜실베이니아대학 심리학과 교수인 마틴 셀리그먼은 "진정한 행복은 물질적 성취가 아닌 긍정적 사고에서 나온다"고 말한다. 그는 무엇보다도 한국인들에겐 긍정심리학이 필요하다고 강조한다.

"지난 50년간 한국 사회는 가난, 전쟁 등에서 벗어나 세계 10위권의 비약적인 경제 성장을 이뤄냈다. 어느 정도 물질적 필요를 채운 뒤에는 획득한 '부(富)'를 의미있는 삶에 써야 하는데 그렇지 못하면 결국 자살, 우울증과 같은 병리현상에 시달리게 된다. 그러나 긍정적 사고를 가지고 자신의 강점이나 미덕을 계발하면 사람은 누구나 행복해질 수 있다. 긍정적 삶을 만들기 위해서는 외부의 도움보다는 자신의 의지가 훨씬 중요하다. 행복은 누가 가르쳐 주거나 훈련시키는 게 아니라 스스로의 발견과 창조를 통한 자기화의 과정이다."

우리 사회는 20세기에서 21세기로 넘어오면서 삶의 가치를 한층 성숙하게 만드는 데에 주목하게 되었다. 경쟁사회에서 살아남는 데에 급급해서 행복, 건강, 정서 등이 황폐해지는 걸 감수하던 게 20세기였다면 21세기는 삶의 질을 중요한 가치로 생각하게 되었다. 웰빙 열풍도 그렇게 만들어졌다. 그리고 '펀(fun)'이 국내외적으로 중요한 화두로 부각되었다. '재미있게 살자'는 것이 곧 '펀(fun)'의 메시지이기 때문이다.

긍정의 심리학은 이러한 시대 변화에 안성맞춤의 방향키였던 셈이다. 대한민국에 "마음 하나만 바꿔도 인생이 달라진다"고 하면서 긍정의 철학을 대중적 유행어로 만든 사람이 이민규 교수이다. 그는 대학에서 심리학을 가르치는 교수이면서 이미 몇 권의 베스트셀러를 써낸 유명 저자이기도 하다. 그가 기존에 출간한 《끌리는 사람은 1%가 다르다》는 다른 사람과 나를 차별 짓는 1%로 인생이 바뀐다는 교훈을 던지면서 엄청난 반향을 불러일으켰다.

우리나라 코미디사에서 심형래가 보여 준 영구 캐릭터는 한 획을 긋고 있다. 누군가의 이름 앞에 그런 캐릭터 혹은 어떤 가치가 함께 만들어지는 건 결코 쉬운 일이 아니다. 하지만 이민규 교수는 자신의 책들만으로도 대한민국 사회와 정신사에서 중요한 획을 긋고 있는 학자이다.

일 년에도 수많은 신간들이 쏟아져 나왔다가 사라진다. 그러나 이민규 교수의 책들은 출간될 때마다 한국 사회의 흐름과 대중의 가치관에 큰 영향을 끼쳤다고 해도 과언이 아닐 것이다. 그가 지금 대학 강단에 서는 횟수 이상으로 전국의 여러 단체와 기관에서 강의 의뢰를 받으면서 인기를 얻고 있는 것은 조금도 이상한 게 아니다.

명강사로 우뚝 선 성공의 요인

이민규 교수의 어떤 점들이 명강사의 요건에 부합되었는지를 굳이 살펴볼 필요가 있을까 싶지만 그래도 중요한 몇 가지를 소개해 본다.

🔑 검증받은 강의의 달인이다

이민규 교수의 강의는 듣는 사람들을 편하게 해준다. 아무리 좋은 강의라도 듣는 사람들을 긴장하게 하거나 불편하게 만들면 청중은 강의에 집중할 수 없다. 그런데 이민규 교수는 자세와 태도, 청중을 대하고 바라보는 시선 등에 있어서 청중의 마음을 안정시키는 동시에 집중하게 하는 매력이 있다.

가끔 그는 "여러분은 어떻게 생각하십니까?" 혹은 "여러분, 어때요?" 하는 식의 질문을 던진다. 물론 이때의 물음은 답을 얻기 위한 것이 아니다. 그는 이 물음을 던지면서 강의하고 있는 내용을 환기시키는 동시에 강사와 청중의 친밀도를 갖게 해준다.

정확한 발음과 발성 역시 그의 강의를 돋보이게 하는 요소이다. 강의 내용은 물론 말할 것도 없다. 그의 강의 실력은 2001년에 제1회 아주대 강의우수교수(Best Teacher) 상을 수상했다는 점만으로도 충분히 알 수 있다.

🎵 당대의 정서를 정확하게 꿰뚫고 있다

'이민규'란 이름은 그의 책이 불티나게 팔리기 시작하면서 세상에 알려졌다. 대학교수가 베스트셀러를 만들어내는 건 흔한 일이 아니다. 학자로서의 관점과 경직된 분위기 때문인지 그들은 대중과 책으로 소통하는 데에 거리감이 있는 게 사실이다.

그런데 이민규 교수는 심리학자로서 대중의 정서와 시대의 흐름을 정확하게 꿰뚫고 있었다. 그의 저서들이 발표되자마자 화제를 불러오는 것은 그의 책이 지금 이 시대에 꼭 필요한 맥을 짚어주고 있기 때문이다. 그런 성찰력을 가지고 강의를 하고 있기 때문에 지금의 명강사가 될 수 있었다.

🎵 어떤 주제라도 쉽게 이해시켜 준다

대학교수가 대중을 상대로 강의를 하면 좋은 평을 받기 어렵다. 대부분 지루하고 어렵다는 말을 하게 된다. 그런데 이민규 교수는 그 난해하다는 심리학과 교수이면서도 결코 사람들의 머리에 쥐가 나게 하지 않는다. 나는 그가 대학의 전공 제자들에겐 어떤 식으로 강의를 하고 있는지 본 적도 없고 상상도 되지 않는다. 하지만 일반인들에게 하는 그의 강의는 조금도 난해하지 않다. 그는 강의 중에 어려운 심리학 용어를 남발하지도 않으며 어렵게 배배 꼬인 말을 늘어놓지도 않는다.

사실 그의 강의는 얼마든지 잘난 척을 해 보일 수도 있는 주제들을 포함한다. 그러나 그는 어떤 주제라도 청중이 쉽게 이해할 수 있도록 설명한다. 등장하는 예화들 또한 한국적 정서에 맞는 것을 들기 때문에 사람들은 그의 말에 쉽게 동화되고 저절로 빨려들게 된다.

명석한 두뇌와 뛰어난 필력과 듣는 이들에 대한 강한 흡입력을 전부 가졌으니 천부적인 명강사의 요건을 지닌 셈이다.

끌리는 사람은 1%가 다르다

영구와 맹구가 식당에 들어갔다. 그런데 종업원이 영구를 보더니 반색을 했다. 식사를 하고 있는데 식당에 들어오는 사람들마다 영구를 보더니 다들 아는 척을 했다. 맹구가 신기해 하니까 영구는 자기가 세상에서 가장 친구가 많을 거라고 자랑하면서 외국의 높은 사람들과도 다 친구처럼 지낸다고 큰소리쳤다.

맹구 : 잘난 척하기는. 미국 대통령은 널 알지도 못할 걸?
영구 : 천만에, 내가 직접 보여 주지.

두 사람은 비행기를 타고 미국으로 날아갔다. 백악관을 찾아가니 미국 대통령이 달려 나와 영구를 껴안는 게 아닌가. 맹구는 이상하다고 생각하면서, 엘리자베스 여왕은 영구를 절대로 알지 못할 거라고 말했다. 두 사람은 영국 버킹검 궁전으로 갔다. 이번에도 여왕이 달려 나와 영구를 반기면서 극진한 대접을 해주었다.

맹구 : 아무리 그래도 교황과는 모르는 사이겠지?

영구 : 무슨 소리? 바티칸으로 가자고!

두 사람은 바티칸으로 갔다. 영구는 맹구에게 교황청 밖에서 기다리라고 말했다. 잠시 후 영구는 교황과 팔짱을 끼고 나란히 발코니에 모습을 보여 주었다. 그런데 밖에서 그 모습을 바라보던 맹구가 갑자기 정신을 잃고 쓰러지는 게 아닌가. 한참 뒤 정신을 차린 맹구에게 영구가 기절한 이유를 물었더니 맹구가 말했다.

맹구 : 네가 교황과도 친구란 사실에 놀라긴 했지만 그 때문에 기절한 건 아니야. 네가 교황하고 발코니에서 손을 흔들 때 내 옆의 남자가, "저기 영구 씨는 알겠는데 그 옆에 서 있는 남자는 도대체 누구죠?" 하고 물었기 때문이야.

정말 영구한테 지위고하를 막론하고 세계에 친구가 이렇게 많다면 그는 분명 매력이 많은 사람일 것이다. 그렇다면 영구는 어떻게 이렇게 많은 사람들과 친구가 될 수 있었을까? 영구는 맹구가 가지지 못한 엄청난 매력이 있었던 걸까?

이에 대해 이민규 교수는 "모든 선택에는 반드시 끌림이 있다. 끌리는 사람은 1%가 다르다"고 말한다. 그는 남들이 친해지고 싶은, 만나면 유쾌해지는, 그래서 다시 만나고 싶은 사람으로 거듭나는 데에는 어마어마

한 노력과 기술이 필요한 게 아니라고 말한다. 그것은 어쩌면 조금 더 노력해서 찾아지는 1% 정도의 차이일 뿐이라고 말한다.

그렇다면 나를 끌리는 사람으로 만들기 위해선 어떤 변화들을 가져야 할까. 그는 자신의 저서 《끌리는 사람은 1%가 다르다》에서 25가지의 요소를 설명하고 있다. 그 중에서 대표적인 몇 가지만 살펴보려고 한다.

🎵 좋은 인상을 유지하라

첫인상이 좋았다고 계속 좋을 순 없다. 부정적인 정보를 접하게 되면 사람의 생각은 금방 달라진다. 열 번 잘하다가도 한 번 잘못하면 나쁜 이미지로 낙인찍힐 수 있으니, 계속 해서 좋은 인상을 유지하도록 노력해야 한다.

겉모습, 어떻게 보일지에 신경 써라

옷차림은 누군가로부터의 평가에 영향을 미치기도 하고 내 행동의 폭에도 영향을 미친다. 다른 사람의 마음을 끄는 사람은 때와 장소에 적합한 옷차림을 하는 센스가 있다. 겉모습이 어울리지 않게 되면 자칫 내면을 보여줄 수 있는 기회를 놓칠 수도 있다. 문 밖에 발을 내딛는 순간부터 다른 사람의 나에 대한 평가가 시작된다. 어떻게 보일지에 소홀하면 안 된다.

초록은 동색 가재는 게 편, 친하게 지내라

가재가 게 편인 것은 자신과 비슷하게 생겼다는 동질감 때문이다. 사람들은 자기와 비슷한 경향의 사람들에게 호감을 보이지만 공통점이 없는 사람들에 대해서는 반감을 갖는 경향이 있다. 관계는 가까이서 자주 만나다 보면 더 좋아지게 된다. 누군가와 좋은 관계를 유지하려면 가끔 안부를 묻거나 상대가 관심을 보일 만한 화제를 메일로 보내는 등 꾸준한 노력을 기울여야 한다.

칭찬은 구체적으로 하라

칭찬은 구체적일수록 좋다. 그리고 직접 하는 것보다 제3자를 통해 듣게 하는 것도 효과적이다. 제3자를 통해 듣는 칭찬은 인정받고 싶은 욕구와 자랑하고 싶은 욕구를 모두 만족시켜 주기 때문이다.

🔑 자기애를 잃지 마라

자신을 사랑하지 않는 사람은 타인과의 관계도 문제가 많다. 자기애를 가진 사람들은 자신을 아끼고 스스로에게 자부심을 갖고 있기 때문에 과시할 필요를 느끼지 못한다. 밝고 당당하게 타인과의 관계를 만들어감으로써 주변 사람들로부터 호감을 얻는다.

🔑 다름을 인정하라

사람들은 나와 다른 걸 싫어한다. 나와 다른 건 나쁜 거라는 편견을 갖는다. 그러다 보면 갈등이 생길 수밖에 없다. 사람들과 원만한 관계를 유지하기 위해선 타인의 '다름'을 인정할 줄 알아야 한다.

🔑 함께 밥 먹고 싶은 사람이 되라

친한 사람과는 밥을 자주 먹게 된다. 밥을 많이 먹은 사람과도 그만큼 친해지게 된다. 밥을 함께 먹으면서 이야기를 하면 대화가 더 쉽게 풀리는가 하면, 밥을 대접하는 사람에게 더 쉽게 마음이 열리게 된다. 맛있는 식사는 사람의 마음을 움직인다. 나와 밥을 먹고 싶어 하는 사람이 많다는 건 그만큼 사람들이 나한테 끌리고 있다는 것이 된다.

🔑 콤플렉스를 건드리지 마라

약점을 건드리면 누구나 반감이 든다. 솔직하다는 것과 상처를 주는 것과는 분명 다르다. 다른 사람의 아픈 곳을 건드리면서 그게 솔직한 표현이라고 생각하는 사람은 그 때문에 사람들을 잃게 된다.

🔑 적당한 거리를 유지하라

사람들과 좋은 관계를 유지하려면 너무 가까워서도 안 되고 너무 멀어서도 안 된다. 적당한 거리를 유지하는 게 중요하다. 특히 요즘 사람들은 자신의 프라이버시가 침해당하는 걸 몹시 싫어한다. 상대의 시시콜콜한 것까지 다 알려고 하는 건 예의가 아니다.

🔑 사과에 인색하지 마라

잘못은 누구나 할 수 있다. 그런데 잘못을 인정하지 않으면 관계는 악화된다. 잘못된 상황을 개선하고 싶다면 먼저 잘못을 인정하고 사과해야 한다. 체면이나 자존심 때문에 타이밍을 놓치고 나면 영영 기회를 잃게 된다. '미안하다' 는 말은 마법과 같은 힘을 발휘한다. 이 말은 '제 탓입니다', '당신을 존중합니다', '우리의 관계를 소중하게 생각합니다' 등의 의미를 가진다. 사과에 인색하지 마라.

사람들에게 끌리는 사람이 되는 게 왜 중요할까? 인간은 혼자 살 수 없다. 사람들과의 관계에서 나를 성장시키고 변화를 도모하면서 삶의 목표에 다다를 수 있기 때문이다. 삶의 목표가 정해지지 않은 사람은 어느 시점에서 자신이 행복해지는지를 알 수 없게 된다. 그래서 분명한 목표 설정이 중요하다.

이민규 교수는 '목표 없이는 성공도 없다' 는 신문 칼럼에서 다음과 같이 말하고 있다.

나폴레온 힐은 여러 분야에서 성공한 사람들의 공통점을 찾아냈다. 성공한 사람들은 하나같이 확고한 목표와 목표에 대한 집요함을 가지고 있었다. 이는 그들이 갖고 있는 천재성이나 그 외의 어떤 특성들보다 우선했다. 목표가 없으면 성공은 불가능하다. 성공이 무엇인지 정해놓지 않으면 결코 도달할 수 없다. 가야 할 곳을 안다는 것은 정말 중요한 일이다.

목표가 우리의 삶에 어떤 도움이 되는지를 구체적으로 살펴보자.

첫째, 선택에 대한 확실한 지침을 제공해준다. 우리는 한정된 시간에 선택해야 할 일이 너무 많은 세상에 살고 있다. 목표는 우리가 원하는 것을 달성할 수 있는 활동에만 초점을 맞추게 하며, 가치 없는 일에 시간을 낭비하지 않게 도와준다.

둘째, 역경 속에서도 쉽게 포기하지 않게 한다. 빅터 프랭클린은 '죽음의 나치 수용소'에서 끝까지 살아남은 사람들에 대해 이렇게 말했다. "그들은 가장 건강한 사람도, 가장 영양 상태가 좋은 사람도, 가장 지능이 우수한 사람도 아니었다. 그들은 살아야 한다는 절실한 이유와 살아남아서 해야 할 구체적인 목표를 가진 사람들이었다. 목표가 강한 의욕과 원동력을 지속적으로 제공했다."

셋째, 지겨움을 줄여주고 성취감을 갖게 한다. 목표 없이 하는 일은 달성 여부를 확인할 수 없기 때문에 쉽게 지겨워진다. 방을 정리하는 것과 같은 사소한 일도 목표를 정하고 하면 지겨움이 훨씬 덜하다. 그뿐만 아니라 목표를 달성했다는 성취감도 느낄 수 있다.

넷째, 효과적인 해결방법을 찾게 해준다. 목표를 정하면 주변의 사물들을 목표와 관련지어 새롭게 인식하게 되고, 필요한 정보들이 눈에 띄며, 새로운 아이디어가 떠오르게 된다. 삶에 목표가 없는 것은 축구장에 골대가 없는 것과 같고 활터에 과녁이 없는 것과 같다. 골대와 과녁이 없다면 골인과 명중은 있을 수 없다. 그래서 명확한 목표가 필요하다."

남과 같아서는 인정받을 수 없다는 것이 이민규 교수의 '끌리는 사람' 으로서의 첫 번째 원칙이다. 나의 상품성은 누가 만들어주는 게 아니라 자신이 계발하는 거라고 그는 말한다. 끌리는 사람이 되기 위해 평소 어떤 마인드를 가지며 살아가야 하는지가 중요하다고 강조한다. 이 글은 그의 강의 중에서 한 부분이다.

며칠 전에 제 연구실에 어떤 학생이 전화를 했어요. 상당히 오랫동안 소식이 없던 학생인데, 교수님 잘 계셨느냐고, 또 연초니까 새해 복 많이 받으시라는 이런 인사와 함께 한 번 찾아오겠다고 인사를 하더라고요. 그래서 연초에 바쁠 텐데 굳이 찾아올 것까지 있냐 잘 지내고 나중에 혹시 이쪽으로 들를 일이 있으면 들러라 이렇게 얘기했더니, 굳이 한 번 찾아뵙고 드릴 말씀이 있다고 그러더라고요.

그 학생은 그동안 잘 지내왔는데 이번에 회사에서 구조조정이 있었고 회사를 그만두게 되었다고 말하더군요. 그래서 왜 회사를 그만두게 됐는지 그 이유라도 한 번 들어 보자고 했지요.

실제로 그 학생은 학교 다닐 때 굉장히 성실했어요. 학교 성적도 굉장히 좋았어요. 예상했던 대로 그 학생은 회사에서도 부지런히 일을 했다는 거예요. 그 학생 얘기로는 자기만큼 회사에서 열심히 일한 사람은 없는 것 같다, 아침 일찍부터 회사에 나가서 밤늦게까지 남아 일했는데, 자기하고 같이 회사에 들어갔던 동료는 그만큼 열심히 일하지 않았다 이거예요.

그런데 그 친구는 잘린 것이 아니라 오히려 승진했다 이거예요. 자기는 너무 억울하다는 거예요. 요지는, 그렇게 열심히 일했는데 자기가 잘렸다는 게 억울하다는 거예요. 그래서 내가 그랬어요.

"아침부터 늦게까지 열심히 일했다는 그것만으로 자네가 최선을 다했다고 생각한다면 모르긴 하지만, 바로 그것 때문에 잘리지 않았을까 그런 생각이 든다."

여러분, 어떻게 생각하세요? 제가 이런 얘기를 했더니 그 학생은 "선생님, 너무 생뚱맞네요. 열심히 일했는데 그것 때문에 잘렸다니…" 말이 안 된다 이거예요.

그래서 제가 이렇게 질문했어요.

"자네가 구조조정에서 잘린 사람이 아니라 고용주라고 생각해 보자. 내가 고용주라면, 아주 일찍부터 회사에 나와서 밤늦게까지 일한다고 그것만으로 회사에 남겨 두면서 봉급을 주고 싶은 생각이 들겠나? 내가 고용주라면 난 그건 아닐 것 같다."

여러분, 어떻게 생각하세요? 아주 일찍 나와서 밤늦게까지 일을 한다면 누구보다도 먼저 사무실에 오겠지요? 캄캄할 때 사무실에 오면 뭐해야 합니까? 먼저 불을 켜야 되겠지요? 불을 켜면 그 전기세를 누가 냅니까? 회사에서 내겠지요? 아침 일찍 오면 늦게 오는 사람보다 화장실을 더 많이 쓸까요, 적게 쓸까요? 저는 더 많이 쓸 거라고 생각합니다. 물을 더 많이 마실까요, 적게 마실까요? 저는 더 많이 마실 거라고 생각합니다. 복사지 한 장이라도 더 많이 쓸까요, 적게 쓸까요? 저는 더 많이 쓸 가능성이 훨씬 더 높다고 생각합니다. 그래서 회사에서는 이익이 되는 것이 아니라 오히려 손해가 될 가능성이 굉장히 많다 이겁니다.

최근 들어 저는 대학원생들에게 특히 저의 지도학생들에게 뻥튀기 할아버지 얘기를 많이 해주게 되는데요. 강원도 산골에서 뻥튀기를 하시는 할아버지에 대한 프로그램을 TV에서 방영한 적이 있어요.

이 할아버지는 방영 당시 75세이셨는데요. 무려 45년 동안이나 뻥튀기를 하고 사신 거예요. 그런데 그 할아버지는 뻥튀기 장사를 하러 가면 혼자 가는 것이 아니라 항상 할머니랑 같이 가세요. 눈이 오나 비가 오나 봄이 오나 여름이나 가을이나 겨울이나 항상 그 장터 그 자리에서 뻥튀기를 하시는 거예요. 이걸 프로그램으로 만들어서 방영을 하는 거예요.

그 강원도 산골의 장터 모습, 그리고 거기서 뻥튀기를 하시고 저녁에 지는 해를 뒤로

긍정 · 인간관계 · 마음경영 _ 세상을 변화시키는 긍정의 심리학자

하고 집으로 돌아가시는 모습, 이런 모습을 카메라 앵글로 잘 잡아서 정말 그림 같이 잡아서 참 아름다운 산골 풍경을 보여주어요. 또 저녁에 그 할머니가 아궁이에 불을 때서 밥을 짓고… 그러한 모습들이 한 편의 시 또는 그림 같다는 생각을 떠올리게 했는데요.

'어떤 한 사람이 태어나서 한 가지 일을 선택해서 평생 동안 그것도 혼자가 아니라 부부가 함께 할 수 있다는 것은 참 아름다운 거 아니냐' 이런 메시지를 전달하려고 했던 거 같아요. 그런데 저는 직업병이라고 하면 직업병이라고 할 수 있을까요? 심리학자이기 때문에 그 주인공의 표정을 관찰한 결과, 정말로 아름다운 표정이 아니었어요. 특히 할머니는 할아버지와 장터에서 하루 종일 뻥튀기 장사를 같이 하셨는데요. 거의 한마디도 얘길 안하셔요.

게다가 그 추운 날도 도시락을 싸서 그 장터에서 같이 나눠 드시더라고요. 그 장터에서 국밥이 한 그릇에 2,000원인가 그런 것 같더라고요. 그 프로그램에서 보니까 같이 한 그릇 사서 나눠 드시면 될 텐데도 같이 차가운 도시락을 나눠 드시면서 하루를 보내는데, 그 두 분의 표정이 결코 밝은 표정이 아니에요. 그리고 그 프로그램이 끝날 때쯤 해서 리포터가 그 할아버지에게 이렇게 질문해요.

"할아버지, 평생 동안 한 가지 일을 할머니하고 함께 해온 것에 대해서 어떻게 생각하십니까?"

할아버지의 대답은 저를 굉장히 실망시켰어요. 저는 최소한, "아프지 않고 평생 동안 이 일을 해온 것에 대해서 참 행복하게 생각해요. 얼마나 다행인지 모르겠어요"라고 할 줄 알았는데 이런 대답이 아니었어요. 뭘까요? 이거였어요.

"생각은 무슨 생각, 그냥 먹고 살기 위해서 했지."

그러니까 뭐냐 하면, 할아버지의 마지막 정리하시는 말씀이 바로 이거예요. '이것이 내 인생이란 말인가?' 나는 굉장히 열심히 살아왔다 이거예요. 평생 동안 한 가지 일을 해왔는데 또 이건가, 이런 표정이었어요.

여러분들, 어떻게 생각하세요? 75세, 그 할아버지의 연세가 될 때까진 아직 멀었다고 생각할지 모르겠어요. 그런데 사실 나이라는 건 금방이에요. 금방 75세가 된다 이거예요.

❶ 사람들에게 함께 밥 먹고 싶은 사람이 되어라.

❷ 끝은 언제나 또 다른 시작이다.

❸ 못 오를 나무는 없다.

❹ 원대한 야망에도 구체적인 목표가 필요하다.

❺ 오늘을 돌아보면 내일이 달라진다.

❻ 내가 변해야 세상도 바뀐다.

❼ 밝은 쪽보다 어두운 쪽을 먼저 보라.

❽ 스스로 선택하고 스스로 결정하라.

❾ 나쁜 일 속에서도 좋은 점을 찾아내라.

❿ 남다르게 생각해서 남다른 것을 얻어내라.

chapter 08

성공 · 인테크 · 서비스
이론과 **현장**에서 **정통 코스**를 밟은 **전문 경영인**

_ 조관일

●●● 강원대에서 농학을 전공했으며 명지대 사회교육대학원에서 경영학 석사를, 강원대 학원에서 경제학 박사학위를 받았다. 농협중앙회의 말단직원에서 시작하여 회장 비서, 농협 강원지역 본부장, 농협중앙회 상무, 강원대학교 겸임교수 등을 역임하고, 강원도 정무부지사, 대한석탄공사 사장을 지냈다.

친절 · 서비스 분야의 전문가이자 '인(人)테크' 이론의 창안자이기도 하며, 고객관계에서부터 리더십 · 팔로십의 상하관계, 노사관계, 부부관계, 인간관계 등이 주된 강의 분야이다. 한국강사협회가 선정한 명강사이자 2007년 '한국HRD 대상' 명강사 부문을 수상했다.

저서로는 《상창력》 《헝그리 정신》 《인테크 창조적 인간관계의 기술》 《이기려면 뻔뻔하라》 《인간관계를 지배하는 9가지 법칙》 《비서처럼 하라》 등 다수가 있다.

다재다능한 명품강사의 명품강의

한 남자가 생일을 맞았는데 아내와 아이들이 모르는 것 같자 기분이 좋지 않았다. 그런데 아침에 회사에 출근하니 비서가 환한 얼굴로 "사장님, 생신 축하드려요!"하는 게 아닌가. 남자는 기분이 좋아서 비서에게 저녁을 사주겠다고 했다.

레스토랑으로 가는 차 안에서 사장이 "사실 오늘이 내 생일인데 술도 한 잔 하지"라고 말했다. 그러자 비서가 기다렸다는 듯이 "사장님, 그러면 저희 집에 가실래요? 좋은 술이 있는데……" 하면서 웃었다. 남자는 좋아라 비서의 아파트로 향했다.

비서는 거실 소파에 앉아 있는 남자에게 술을 내놓은 뒤 편한 옷으로 갈아입고 나오겠다며 방으로 들어갔다. 몇 분 뒤, 방문이 열리면서 비서와 함께 남자의 아내와 아이들이 케이크를 들고 생일축하 노래를 부르면서 나왔다. 그때 남자는 옷을 전부 벗은 채 비서를 기다리고 있었다.

이 이야기는 많이 알려져 있는 유머이다. 웃자고 만들어진 이야기지만, 문제는 사심에 찬 사장에게만 있었을까? 비서는 사장의 생일을 깜짝 쇼를 만들어 축하해주려고 했는지 몰라도 결국은 그런 의욕이 앞서서 사장을 오히려 망신살만 뻗치게 만들었다. 아내와 아이들 앞에서 그런 일을 당했으니 영원히 못 잊을 생일이 되었을 게 분명하다.

훌륭한 비서란 사장의 성향까지 간파할 줄 알아야 한다. 물론 저런 사장이 실제 있을 거라고는 생각하지 않는다. 버젓한 자기 집 놔두고 여비서네 집에서 남편의 생일 이벤트를 하는 정신 나간 아내도 있을 리 없다.

어쨌든 비서의 역할은 부족하지도 넘치지도 말아야 한다. 훌륭한 비서란 상사에게 맞춤옷처럼 딱 떨어지게 행동함으로써 상사로부터 최적의 만족감을 갖게 하는 것이다.

비서가 아니더라도 비서의 방식을 배워 상사와 보스를 감동시키라고 말하는 사람이 있다. 그는 비서의 직무가 아닌 리더, 보스, CEO로 성공할 수 있는 비서의 행동양식에 초점을 둔 내용을 담아 《비서처럼 하라》는 책까지 낸 조관일 강사이다. 그의 책은 자기계발서로서 신선하다는 평을 받으면서 베스트셀러가 될 정도로 인기를 얻었다.

그의 이력은 그가 얼마나 다재다능하고 열정적인 삶을 살아가는 사람인지를 보여준다. 그는 춘천에서 농과대학(강원대학교 전신)을 졸업하고 농협 직원으로 근무할 때부터 이미 남과는 다른 삶을 보여주었다.

그가 자신의 창구 경험을 토대로 고객만족 관련 책들을 써낸 것에서 짐작할 수 있듯이, 농협에서 근무할 당시 매우 유능한 사람이었던 것 같다. 그는 말단직원에서 시작하여 승진을 거듭하면서 농협교육개혁단장,

농협강원지역본부장, 농협전산정보분사장, 농협중앙회 상무를 거쳤다. 그러면서 농협시절에만 무려 20여 권의 책을 펴냈다. 그 중에서 고객감동에 관한 책으로 인하여 각 지역의 농협을 순회하며 고객감동 서비스 실천방법을 교육하러 다니게 되었는데 그것이 명강사로서의 인생을 살게 된 출발이었다.

그는 어떤 상황에 처하든 자신을 발전시키는 계기로 삼았으며 그런 발상 전환의 노력으로 인하여 인생을 업그레이드시켰다. 예를 들어 보자. 그는 농협에 근무할 당시 '부녀과장'이라는 보직을 맡게 되었다. 남성이 여성담당 과장을 맡게 되었으니 기분이 좋을 리 없었을 것이다. 이런 경우 다른 사람이라면 조직을 원망하며 가급적 빨리 다른 곳으로 이동할 궁리를 하겠지만 그는 달랐다. 이왕 부녀과장이 된 것이니까 그 기회를 최대한 활용한 것이다. 그는 도서관에서 여성 관련 도서를 모아 섭렵하며 부녀과장 1년 만에 《여자는 몰라요》란 책을 써냈다.

지금까지 그가 쓴 책의 분야는 고객만족, 인맥관리, 서비스, 여성, 부부관계, 경영혁신 등 다양하다. 그렇게 다양한 주제로 책을 낼 수 있다는 것은 여러 분야에 대해 관심이 깊다는 이야기가 된다. 그는 자신이 경험하거나 관심을 갖고 있는 모든 분야가 책 쓰기의 대상이 된다. 심지어 자신의 강의 경험을 바탕으로 강의의 스킬과 강의에서의 유머 기법을 설명하는 《깔깔깔 강의 유머 기법》이란 책을 내기도 하였다.

그는 자신의 취미가 '궁리(窮理)하기'라고 할 정도로 생각을 많이 하는 사람이다. 그는 일단 생각이 떠오르면 집요하게 물고 늘어져 결국 무언가를 만들어낸다. 그의 생각은 곧 창조로 이어지는 셈이다. 젊었을 때부터 그는 자신의 창조적 생각을 발명품으로 만들곤 하였는데, 악보를 집어넣으면 경음악이 나오는 장난감, 습도에 따라 꽃이 펴졌다 접히는 조화 등등 10회 이상의 특허출원 경력을 가지고 있다고 한다.

한마디로 그는 자기 삶을 끊임없이 발전시키며 새로운 도전을 두려워하지 않는 사람이다. 농협 말단직원으로 직장생활을 시작한 그는 농협을 떠난 이후 강원도 정무부지사를 지냈으며 2008년엔 대한석탄공사 사장에 취임할 수 있었다. 스스로의 열정과 노력으로 일구어낸 승리라 할 만하다. 그의 강의가 빛을 발하는 건 그가 말단에서 시작하여 최고경영인의 자리에까지 오른 과정과 경험이 녹아 있기 때문이다.

그는 우리나라에서 가장 잘나가는 강사 중의 한 사람이다. 강의를 의뢰하는 곳에서 그를 좋아하는 건 그의 다재다능과 전천후식 박학다식으로 인해 강의 주제에 제한이 없기 때문이다. 그의 수많은 저서들과 경력은 그에게 어떤 강의를 의뢰해도 좋을 것 같은 믿음을 주기 때문이다. 실제로 그는 어떤 주제의 강의를 의뢰해도 거뜬히 소화해낸다.

특히 그의 강의는 직장인들이 좋아한다. 그들에게 가장 필요한 현실적인 생존전략을 가르쳐주기 때문이다. 물론 조관일 강사 외에도 많은 사람들이 성공학 혹은 자기계발이란 주제로 직장인들에게 강의를 한다. 그러나 그들이 대개 포괄적이고 광범위한 덕목들을 이론 중심으로 강조하고 있다면, 조관일 강사는 좀 더 구체적이고 현실적이며 자기가 실제로 경험한 사례 중심으로 강의한다. 또한 같은 주제라도 접근하는 방식이 독특하다.

"여러분, 상사와 보스들이 어떤 직원을 좋아한다고 생각하세요? 자기 가슴에 폭 안기는, 내 마음에 쏙 드는 비서 같은 부하직원을 원합니다. 나 역시 그랬으니까요. 여러분, 비서의 방식을 배우세요. 비서의 본질을 따라 하십시오."

이렇듯 직장생활을 어떻게 할 것인지에 대한 해답을 그는 비서에서 찾았다. 남들 같으면 비서의 방식을 배우라고 말하지 못할 것이다. 그의 베스트셀러 《비서처럼 하라》를 읽어보면 그의 강의나 책이 많은 사람들에게 선호되는 까닭을 짐작할 수 있게 된다.

2008년에 대한석탄공사 사장에 취임한 이후엔 그를 필요로 하는 곳이 더 많아졌다. 그런데 아쉽게도 그는 강원도지사 선거에 출마하기 위해 2009년 12월 31일자로 대한석탄공사 사장 자리에서 퇴임하였다.

흥미로운 사실은 그가 단지 책이나 쓰고 강의나 하는 사람이 아니라는 사실이다. 대한석탄공사에서 사장으로 일한 것은 불과 1년여밖에 되지 않지만 그는 '만년 적자 꼴찌 공기업'이라는 어려운 상황의 석탄공사를 꼴찌 탈출은 물론 흑자로 전환시키는 공기업 신화를 창조해냈다. 심지어 석탄을 캐는 로봇 아이디어를 직접 냄으로써 탄광의 개념을 근본적으로 바꾸는 혁명적 업적을 남겼다.

이런 바탕 위에 이뤄지는 강의이기 때문에 그의 강의가 청중의 마음을 사로잡는 것이다. 더욱이 그의 강의가 인기를 끄는 이유는 아무리 딱딱한 주제라도 누구나 공감하는 쉬운 이야기로 풀어냄과 동시에 매우 유머러스하다는 점이다.

앞으로 그가 강원도지사에 당선이 되든 아니든 그가 사람들에게 보여
줄 새로운 모습들은 끊임없이 이어질 거라고 생각한다. 한 가지 염려는
그가 혹 정치에 발을 들여놓게 됨으로써 그의 명품강의를 더는 듣지 못
하게 되는 건 아닐까 하는 것이다.

명품강의로 이름 높은 이유

조관일 강사의 강의가 왜 명품강의로 불릴 만한지, 무엇이 그를 대한 민국을 대표하는 명강사로 만들었는지 살펴보자.

🎵 경제학 박사의 이론과 현장 경력이 최고의 강의를 만든다

대한민국의 수많은 강사 리스트 중에서 조관일 강사와 같은 이력을 가진 사람은 드물다. 직장인들을 대상으로 한 성공학 혹은 자기계발의 강의를 하는 강사들은 대개 각자 자신의 분야에서 성공하고 인정을 받는 사람들이다.

그런데 그는 금융기관의 말단직원에서 시작하여 정통적인 코스를 밟으면서 기업과 조직체제의 생리를 경험하였고, 마침내는 국영기업체의 최고경영자의 자리에까지 오른 사람이다. 그 과정에서 그는 경제학 박사로서의 이론과 실무에서의 경험을 토대로 많은 저서들을 출간하였다.

전국의 많은 단체와 학교와 기업체에서 그의 강의를 필요로 하는 것은 전혀 이상할 게 없다. 그야말로 이 시대의 직장인들이 필요로 하는 성공

코드를 가장 잘 알고 있는 사람이기 때문이다.

글을 잘 쓰는 것과 대중 앞에서 강의를 하는 능력은 별개이다. 그래서 어떤 저자들은 책의 명성에 훨씬 미치지 못하는 강의를 하는가 하면, 어떤 사람은 강의 스킬은 매우 훌륭한 것에 비해 글로 만들어내는 능력은 부족하다. 그런데 조관일 강사는 강의 능력과 필력을 두루 갖춘 우리나라에 몇 안 되는 명품강사이다.

멀티플레이어적인 강사이다

성공한 많은 CEO들은 멀티플레이어적인 감각과 재능을 가지고 있다. 조관일 강사 역시 평범하지 않은 프로필을 가지고 있다. 그가 써낸 책의 종류와 성격만 보더라도 그의 왕성한 지식욕을 알 수 있다.

그는 성공적인 인간관계를 다룬 책을 썼는가 하면, 유머의 화술을 다룬 책도 냈고, 여성을 다룬 책도 냈고, 서비스의 중요성을 다룬 책을 내서 문화관광부 우수학술도서로 선정되기도 하였다. 그 외에도 그는 강의의 스킬과 부부의 조화에 관한 책도 냈다. 지금까지 보여준 그의 열정을 미루어 짐작컨대 앞으로 나올 책은 더 많고 더 다양할 것 같다.

그렇다고 그가 각각의 주제가 다른 책들을 어설프게 다루고 있는 것도 아니다. 그는 자신이 낸 모든 책들마다 전문적이고 독창적인 논리를 전개하고 있다. 많은 곳에서 그에게 강의를 의뢰하면서 걱정하지 않는 것은 그에게 어떤 주제를 맡겨도 막힘이 없기 때문이고 그 전문성 때문이다.

🎵 호감형 신뢰형 명품강의이다

조관일 강사의 강의는 무엇보다도 품위가 있다. 강의 스타일에는 한식집에서 삼겹살을 구워 먹으면서 하는 듯한 편한 스타일도 있고, 미장원에서 수다를 떠는 것과 같은 스타일도 있고, 교장선생님의 훈화시간과 같은 스타일도 있다.

그의 강의는 클래식 음악이 은은히 울려 퍼지는 레스토랑에서 만찬을 즐기는 것과 같은 느낌을 주는 스타일이다. 사람들이 그의 강의를 좋아하는 것은 그만큼 그에게서 고급스러움과 편안함을 전달받기 때문이다.

🎤 강의 주제는 늘 '바로 지금'을 반영한다

인기강사 혹은 명강사라고 불리는 사람들의 공통점은 한물간 이야기는 하지 않는다는 것이다. 그들은 당대에 가장 필요한 가치에 대해 설명하고 미래의 비전을 갖게 하는 능력을 가지고 있다.

공부하지 않는 강사들은 그래서 도태된다. 아무리 인기가 많은 강사라도 똑같은 주제로 일 년 이상 강의를 하게 되면 사람들로부터 외면받게 된다. 강의업계는 어느 곳보다도 냉정한 분야이다. 강의를 들은 사람들에게 감동을 주지 못하면 그 강사는 살아남을 수 없다.

그런 점에서 그의 강의는 누구와도 비슷하지 않으며, 그 자신만의 독창성을 가진다. 그는 꾸준히 시대적 변화를 반영한 책들을 출간하고 있다. 그러면서 매번 새로운 미래의 비전을 제시하고 있다. 그리고 그 책들을 가지고 강의를 하기 때문에 그의 강의 주제는 고루하지 않으며 누구의 것도 아닌, '바로 지금'의 목소리가 되는 것이다.

성공하려면 비서처럼 하라

몇 년 전에 미국의 'CNN Money'에서 직장상사들을 대상으로 같이 일하기 싫은 최악의 부하직원 유형을 소개한 적이 있다. 1~7위의 내용은 다음과 같았다.

1. 아부형 : 업무를 맡기면 아부나 하면서 어떻게 해야 할지 모르겠다고 엄살을 부리는 사람
2. 순진형 : 사람은 좋은데 단순한 업무에서 계속 실수를 반복해서 답답하게 만드는 사람
3. 칼퇴근형 : 조용히 자기 일만 하다가 업무시간이 끝나기가 무섭게 사라져버리는 사람
4. 얌체형 : 자기 일만 열심히 하고 팀플레이를 할 줄 모르는 사람
5. 나몰라형 : 아는 것도 없고, 배우려고도 하지 않는 사람
6. 태만형 : 업무시간임에도 불구하고 태연하게 사무실에서 쇼핑을 즐기는 사람

7. 무개념형 : 늦게 출근해서 빨리 퇴근하고, 점심시간도 제대로 지킬
   줄 모르는 사람

어느 나라나 싫어하는 유형은 비슷한 것 같다. 직장상사나 보스에게 이런 직원으로 찍히면 그 사람은 아무리 똑똑해도 그 회사에서 성공적으로 살아남기 어렵다. 나 역시 많은 사람들과 관계를 맺고 일을 하지만 몇 번 상대에게 안 좋은 인상을 받으면 그 사람과 다른 일을 도모하기가 꺼려진다.

내 직업이 전국을 다니면서 강의를 통해 많은 사람들을 만나고, 강의 컨설팅과 강사 양성을 하는 일이다 보니 자기계발서나 성공학 관련 처세술을 다룬 책이 출간되면 대부분은 구입해서 보는 편이다. 특히 내가 좋아하는 강사가 책을 내면 여러 권을 구입해서 주변 사람들에게 권하기도 한다.

조관일 강사의 《비서처럼 하라》도 나오자마자 구입해 읽었다. 사실 처음에 이 책을 읽기 전에는 제목만 보고 '왜 비서처럼이지?' 하는 궁금증이 들었다. 왜냐하면 이 책이 나올 무렵 많은 사람들은 'CEO처럼 생각하라'고 말하고 있었기 때문이다. 그런 의구심은 이 책을 읽으면서 금방 풀렸다. 이 책의 도입 부분에서 조관일 강사는 '왜 비서처럼인가?'에 대한 물음에 대하여 이렇게 설명하고 있다.

> 비서는 일반 직장인과 다른 '특유의 의식구조와 행동양식, 처세방식'을 갖고 있다. 그것은 이제까지 아무도 포착하지 못했던 작은 차이, 미묘한 차이일 수 있

지만 결국 그 '작고 미묘한 차이'가 직장인으로서의 발전과 성취에 큰 결과를 가져오게 한 것이다. 오랜 시간을 탐색한 것에 비해 해답은 의외로 가까이 있었다. 세상사란 원래 그렇다. '뉴턴의 사과' 처럼, 답은 발밑에 있었다! 직장인이 귀감으로 삼을 수 있는 가장 현실적인 모델의 하나가 바로 비서인 것이다.

이 책에서 '비서처럼' 이라는 키워드를 사용한 데는 세 가지 이유가 있다. 첫째, 역할을 완벽하게 수행하는 비서들의 마음가짐과 처신을 배우라는 의미에서 '비서처럼' 이다. 둘째, 상사와의 관계에서 당신 스스로가 상사의 최측근 '비서가 된 것처럼' 일하라는 의미에서 '비서처럼' 이다. 셋째, 현재 비서의 자리에서 일하고 있는 사람이라면 정말 '비서답게' 제대로, 충실히 그 역할을 다하라는 뜻에서 '비서처럼' 이다.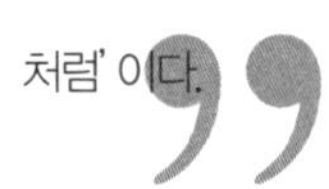

내가 상사라도 이런 부하직원을 원할 거란 생각이 드는 대목이다. 사실 우리가 '비서'에 대해 알고 있는 것은 지극히 일부분이다. 구멍가게 규모의 작은 회사에서부터 대기업에 이르기까지 많은 곳에 비서가 있다. 그리고 대기업의 비서실에선 일반인들이 상상하는 그 이상의 업무들을 처리하고 있다. 삼성그룹의 사장단의 47%가 비서실 출신이라는 사실만 하더라도 비서의 역할과 능력이 한 기업에서 어떤 비중을 차지하는지 알 수 있다.

그렇다면 비서처럼 일한다는 건 '어떻게' 하는 것일까? 비서와 같은 방식이란 어떤 덕목을 요구하는 것일까? 그는 《비서처럼 하라》에서 여러 가지 조건에 대해 설명하고 있는데 그 중에서 대표적인 몇 가지만 살펴보면 다음과 같다.

🔑 멀티플레이어(Multi-Player)

"나는 말하는 자동응답기, 워드프로세서였으며 심부름꾼, 상담자, 잔소리꾼, 오타 확인자였고 소리 나는 칠판, 수선공, 치어리더였다"고 말한 사람은 14년 동안 GE의 잭 웰치 회장의 비서였던 로잔 배더우스키였다.

비서가 멀티플레이어가 될 수밖에 없고, 그런 역할을 요구받는 것은 보스 자신도 멀티플레이어이기 때문이다. 오늘날의 비즈니스 환경이 다양하고 복잡해지면서 보스들은 자기 직원들에게 전문성은 물론이고 다방면에 걸쳐서 많은 일을 할 수 있는 '전천후 요격기'와 같은 능력을 필요로 한다.

🔑 상사 매니지먼트(Boss Management)

"당신이 상대에게 얼마나 세심하게 관심을 기울이고 있는지 알기 전까지, 상대는 당신에게 신경을 쓰지 않는다"고 말한 사람은 성공학의 대가 지그 지글러이다.

직장에서도 마찬가지이다. 상사에게 관심을 쏟아야 상사도 관심을 보인다. 상사가 일을 시키기 어려운 부하직원이 된다면 당신은 성장할 수 없다. 상사에게 상사 노릇하는 재미를 주는 부하직원이 되고, 상사가 성장하고 인정받을 수 있도록 할 때 당신도 함께 성장할 수 있다.

🎵 하드 워크(Hard Work)

회사에서 가장 일을 많이 하는 사람은 CEO다. 그들은 잠자는 시간만 빼고 모두 일하는 시간이다. 무엇을 하든 회사를 걱정하고 회사의 일을 생각하고 있기 때문이다. CEO를 보좌하는 비서들도 마찬가지로 근무 시간이 정해져 있지 않다. 오히려 CEO보다 일찍 출근하고 늦게 퇴근한다. 그래서 비서들은 상사와 회사로부터 인정받으면서 핵심 인재로 성장한다.

회사에서의 성공은 곧 당신이 회사에 뿌린 희생과 헌신의 결과이다. 당신의 일하는 방식, 일에 임하는 태도, 일하는 시간, 상사를 보좌하는 태도 등을 비서들의 방식과 비교해 보면 당신의 미래를 알 수 있다.

🎵 정보력(Information Power)

"정보란 행동의 방침을 결정하는 데 있어 미리 알아두어야 할 일체의 사항을 망라한 것이다"라고 미국의 정보과학자 둘스는 말했다. 직장에서도 정보는 필수불가결의 도구이다. 직장인들이 자신의 경쟁력을 높이는 한 방법은 남들보다 더 많은 정보를 확보하고 그것을 체계적으로 관리하는 것이다.

비서들은 일의 특성상 CEO보다 더 많은 정보와 접하게 된다. 그래서 CEO의 업무를 보좌하는 데에 있어서 선별된 정보를 줄 수 있는 존재들이다. 무조건 많이 안다고 좋은 건 아니다. 얼마나 정확한 정보를 가지고 있는지, 얼마나 중요한 정보들을 가지고 있는지, 적재적소에 활용할 수 있는지가 그 사람의 경쟁력이다.

🔑 화술(Verbal Communication)

비서들의 화법에서 특징은 비밀엄수, 상사에 대한 험담을 하지 않는 것, 상사를 편들고 역성들고 칭찬하는 것, 상사에게 직언하는 것이다. 이런 비서들의 화법은 일반 직장인들에게도 필요한 덕목이다.

🔑 감정 컨트롤(Emotion Control)

"훌륭한 리더가 되려면 주변 사람들과 주변에서 전개되는 상황에 대해 커다란 인내심을 가져야 한다"고 리더십의 대가 블레인 리는 말했다. 비서들은 극도로 감정 절제를 잘하는 사람들이다. 그때그때 감정에 따라 표정이 달라지면 상사에게도 영향을 미치기 때문이다.

직장생활을 하다 보면 다양한 일들이 벌어진다. 그럴 때마다 신경을 곤두세우고 날카롭게 반응을 보인다면 결코 성공하지 못한다. 회사 내에서 이루어지는 관계에서 기준을 조금 바꾸어 생각해 보는 지혜가 필요하다.

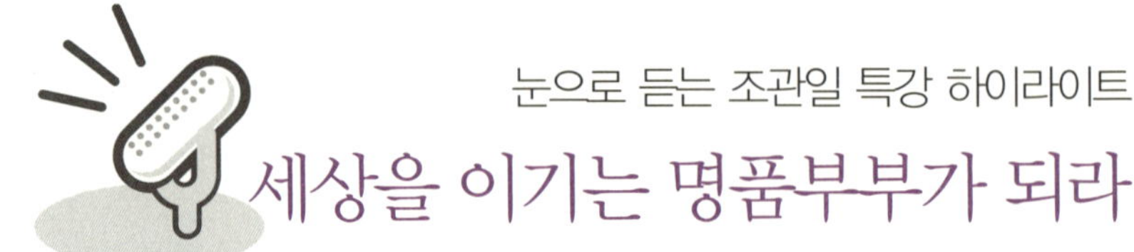

조관일 강사는 인간관계와 서비스 강의에 있어서 특히 많이 알려진 사람이다. 그는 우리나라에 고객만족 서비스란 개념이 자리를 잡기 전에 이미 그런 주제를 가지고 책을 써낸 사람이다. 그는 부부관계에 있어서도 마찬가지라고 말한다. 부부가 서로 상처를 주지 않는 언행을 하고, 서로를 위해 최선과 최상을 다하는 서비스를 준다면 명품부부가 될 수 있다고 말한다.

다음은 서로를 존중하고 신뢰하는 명품부부가 된다면 어떤 시련도 이겨낼 수 있는 힘이 생긴다는 '세상을 이기는 명품부부가 되라' 란 주제로 이루어진 강의에서 주요 부분만을 발췌한 것이다.

제가 얼마 전에 시를 봤는데 안도현 시인의 이런 시가 있더군요. 제목은 '너에게 묻는다' 입니다. 내용은 "연탄재 함부로 발로 차지 마라. 너는 누구에게 한 번이라도 뜨거운 적 있느냐" 입니다. 여러분에게 제가 묻고 싶습니다. 여러분은 남편에게 뜨겁습니까? 나는 내 남편에게 혹은 우리 가족은 서로에게 뜨거운가 반문해 보고 싶은 겁니다.

그래서 오늘은 '명품부부가 되자' 이런 주제로 말씀드리려고 합니다. 지금 굉장한 불황입니다. 사실 불황이라는 게 잘만 하면 약이 될 수도 있습니다.

대나무를 보면 자라면서 매듭이 지어져 있지 않습니까? 계속 호황이 되면요, 사람은 '풍요의 산성화 현상' 이 있습니다. 그게 뭐냐. 계속 좋으면 망가진다는 겁니다. 우리나라 역사를 보면 재미있는 나라입니다. 될 듯 될 듯 하면서 안 되는 나라가 아니고, 안 될 듯 안 될 듯 하면서 되는 나라입니다. 이런 불황을 겪고 나면 단단해져요.

그런데 불행하게도 부부싸움이 늘어납니다. 그러다 보니 이혼율이 높아지지요. 실제로 작년 6월하고 금년 6월하고 비교를 해보면 14%가 늘었습니다. 이건 IMF 때도 마찬가지입니다. 그래서 심지어 어떻게 말들 했나 하면 I '아, 이혼하는구나' M '마더와' F '파더가' 이렇게 해석할 정도로 그 당시 이혼들을 많이 했습니다.

여러분, 가족이라는 게 뭡니까? 명품가족의 진가가 발휘되는 건 어려울 때입니다. 그렇지 않습니까? 사람 인(人)자를 보면 부부관계를 그대로 나타내는데, 쓰러지려고 할 때 누군가 받쳐줘야 합니다. 그렇죠? 가족밖에 없습니다.

밖에 나가 보면 사방이 지뢰밭입니다. 남자들의 경우, 직장에서도 아프단 소리를 못합니다. 그러면 혹시 구조조정할 때 1순위로 올라갈까 봐서입니다. 그래서 집에 와서나 아프다고 하는 건데 어디어디 아프다고 하면, 그러면 부인들은 어떻게 생각하냐면 "오늘밤에 뭐 안하려고 이따위 소리 하나" 이렇게 받아들입니다.

그런데 그게 아니에요. 실제로 아픈 거예요. 아내들은 "왜 당신은 집에만 들어오면 아프다고 그러냐?" 하는데 밖에선 아프다는 소리를 할 수 없어서예요. 그걸 이해해 줘야 합니다.

돌아가신 코미디언 이주일 선생님이 제 고등학교 선배님이십니다. 그래서 평소 그분에 대해서 관심이 많았는데, 그분이 폐암인가로 돌아가셨잖아요. 2002년 월드컵 때 그분 소망이 뭐였냐면 개막식 축구를 보는 거였어요.

제가 상암경기장에 개막식을 보러갔는데 마침 그분이 오셨어요. 휠체어에 앉으셨는데 더운 날씨였는데도 담요를 무릎에 덮으시고 코에는 호스를 끼우고 마스크 쓰시고 모자 쓰시고 힘든 모습으로 나오셨어요. 그 무렵 한 기자가 "만약 신이 당신에게 다시 살게 해 준다면 뭘 하겠습니까?" 물었을 때 그분 말씀이 "나에게 다시 살게 해 준다면 오직 가족과 오순도순 살겠다"고 했습니다.

여러분, 가족이 최고입니다. 제 말이 맞죠? 그러니까 남하고 비교할 게 없는 거예요. 내 가족, 내 세상을 내가 만드는 게 중요합니다. 지금은 어려운 때이기 때문에 가족이 자꾸만 해체되고 있어요. 이건 국가적으로도 큰 문제입니다.

우리나라의 최고가는 그룹의 부회장이 있어요. 이분의 인터뷰가 신문에 실렸는데, 이렇게 말씀하시더라고요. "제가 36년 동안 여기에서 근무를 했는데 최근 20년 동안 휴가를 가본 적이 없습니다." 그리고 경북 안동이 처가라는데, 최근에 처가에 갔더니 16년 만에 간 거라는 거예요.

이런 걸 보면 '뭐 그런 식으로 사나' 이렇게 생각하시겠지만, 그러면 명품부부가 못 되는 거예요. 거기까지 올라갔다는 건 20년 동안 여름휴가를 한 번도 안 갈 정도로 열심히 일했기 때문에 거기까지 올라간 겁니다. 만약에 남편이 토요일 일요일에도 일하러 나간다고 할 때, "그 놈의 회사는 휴일도 없이 뭔 일이 그렇게 많아?" 이러면 명품부부가 안 되는 거죠. 사는 모습을 보면 다 비슷한 거 같아요.

제가 작년에 《비서처럼 하라》는 책을 내서 히트 쳤었어요. 그게 뭐냐면 내 품에 딱 안기는 부하가 최고라는 거죠. 그런데 희한하게 그 책을 목사님들이 많이 읽으셨어요. 읽고 나서 여러 권 사서 주변에 나눠 주었다는 거예요.

알고 보니 목사님이 그 책을 사서 부목사님에게 준 거예요. 목사님들 입장에서 보면 부목사님이 나한테 척척 알아서 해주었으면 하는데 그게 안 되는 부분이 있는 거예요. 종교인이든 누구든 사는 게 다 비슷하구나 생각했죠. 내 마음에 쏙 들게 해주는 사람을 원하는 거죠.

한 번은 도봉산에 올라갔어요. 거기 절 앞에 약수터가 있어서 사람들이 모여서 약수를 마시고 산 아래 아파트 밀집지역을 내려다보거든요. 어떤 젊은 부부가 올라왔어요. 약수를 한 잔씩 떠 마시더라고요. 저도 거기 앉아서 쉬고 있는데, 그 부부의 30대 중반으로 보이는 남편이 아파트촌을 바라보면서 그러는 거예요. "야, 아파트 참 많다." 사람들이 그 주변에 많이 있었지요. 그런데 아내가 거기서 하는 얘기가 "아무리 많으면 뭐해. 우린 돈도 없고 집도 없는데." 남편을 박살낸 거죠. 거기서 그럴 필요가 뭐 있어요. 그 작은 차이가 명품이냐, 아니냐 판가름하는 것이지요.

결국 명품이냐, 아니냐는 아주 작은 차이에요. 제가 아까 연탄 이야기를 하면서 말했잖아요. 연탄을 위에서 떨어뜨렸을 때 30cm 높이에서 깨지느냐, 10cm 높이에서 깨지느냐 그 작은 차이로 명품이냐, 아니냐가 판가름 나듯이 가족과 부부관계도 마찬가지입니다. 아주 작은 차이 가지고 움직이는 겁니다.

그러면 명품부부가 되기 위한 다섯 가지 법칙에 대해서 알아보겠습니다.

첫째, 있는 그대로 받아들이세요. 미국의 레이건 전 대통령 부부를 흔히 명품부부로 칩니다. 대통령이었기 때문이 아니라 낸시 여사가 남편이 치매에 걸렸을 때 10여 년 동안의 간병으로 세계를 감동시켰잖아요.

그때 낸시 여사가 한 말이 있어요. "당신이 없는 행복보다 당신이 있는 불행을 택하겠다." 정말 멋있는 이야기지요. 오늘 집에 가서 남편이 오시면 한마디 하세요. "당신이 없는 행복보다 당신이 있는 불행을 택하겠다"라고요. 꼭 말하세요. 표현하는 게 굉장히 중요해요. 그리고 무엇보다도 낸시 여사처럼 상대를 있는 그대로 받아들여야 합니다.

영화 〈라스베가스를 떠나며〉가 있어요. 니콜라스 케이지가 알코올중독자로 나오는 영화인데, 주인공이 술에 찌들어 사니까 애인들도 다 떠납니다. 그런데 마지막 여자가 은으로 된 작은 술병을 선물합니다. 이왕 마실 거라면 품위 있게 마셔라. 그건 일단 알코올중독자라는 걸 인정한 상태에서의 사랑이죠. 마찬가지로 집안에 어떤 일이 생기면 일단 그대로 받아들여야 합니다. 받아들이지 않고, '왜 나한테만 이런 일이 생기냐!' 하면 얘기가 달라집니다.

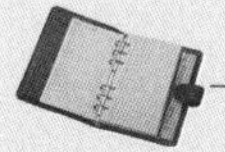

❶ 비서의 멀티플레이어적 능력을 배워라.

❷ 도우려면 화끈하게 도와라.

❸ 험담가에서 칭찬가로 변하라.

❹ 잊을 것은 빨리 잊어라.

❺ 위기감으로 위기를 극복하라.

❻ 간절해야 '결정적 순간'이 온다.

❼ 내 인생의 터닝 포인트를 만들어내라.

❽ 꿈이 있다면 창조적 괴짜가 되라.

❾ CEO처럼 전천후로 일하라.

❿ 인간관계를 생명줄처럼 관리하라.

chapter 09

열정 · 유머 · 희망
Fun과 긍정으로 무장한 거침없는 도발의 여전사

_ 최윤희

●●● 이화여자대학교에서 국어국문학을 전공하였으며 카피라이터로 활동하기도 하였다. 늦은 나이에 전업강사가 되어 2010년 현재 수많은 기업체를 비롯하여 관공서, 국영기업체, 대학원, 시민강좌 등에서 최고의 인기강사로 활동 중이며, 다양한 언론매체와 잡지에 칼럼을 쓰고 있다. 저서로는 《너의 인생에 태극기를 꽂아라》《웃음 헤픈 여자가 성공한다》《고정관념 와장창 깨기》《유쾌한 행복사전》《희망수업》《딸들아, 일곱 번 넘어지면 여덟 번 일어나라》 등 22권의 저서를 가지고 있다.

행복 메신저의
유쾌 · 상쾌 · 통쾌 · 발칙한 강의

"네네네, 하면서 남편 비위만 맞추던 시대는 끝났어요. 암탉이 울면 집안이 망한다고요? 천만에요. 암탉이 울어야 새벽이 오고 암탉이 울어야 알을 낳는 겁니다. 그러니까 암탉은 시도 때도 없이 울어야 합니다."

원색의 브릿지로 강조를 한 단발머리에 늘 바지를 입는 마른 체형의 최윤희 강사의 강의는 마치 판소리에서 휘모리장단을 듣고 있는 것처럼 강의시간 내내 숨 돌릴 겨를을 주지 않는다. 한 시간 이상의 강의도 지루하다는 느낌이 들지 않을 정도로 청중들의 혼을 쏙 빼놓는다. 그래서 최윤희 강사에게는 이런 사람들이 없다.

- 졸거나 하품하는 사람
- 딴짓 하는 사람
- 중간에 나가는 사람
- 강의 들으러 온 걸 후회하는 사람

최윤희 강사의 저력은 무엇보다도 대한민국의 주부들로부터 전폭적인 지지를 받고 있다는 데에 있다. 그녀가 떴다 하면 아줌마 부대들이 몰려와서 "최윤희 짱!"을 외친다. 아마도 현재 왕성하게 활동하고 있는 강사들 중에서 여성 팬을 가장 많이 거느리고 있는 스타강사가 아닐까 싶다. 그만큼 그녀가 여성들에게 미치는 영향력도 크다. 특히 주부들 사이에서 그녀의 말 한마디 한마디는 화제가 되고 유행어가 될 정도이다.

최윤희 강사를 롤 모델로 삼고 있는 여성들도 많다. 강사를 준비하는 여성들이 가장 많이 하는 말이 "최윤희 선생님처럼 되고 싶어요"이다. 물론 최윤희 강사 이전에도 많은 여성 스타강사들이 있었고, 지금도 그렇다. 언뜻 보면 도대체 그녀의 강의가 왜 이토록 대한민국 주부들과 나아가 모든 사람들에게 호평 받는지 이해가 안 갈 수도 있다.

어떤 사람들은 "그냥, 재미있어서"라고 말할 수도 있다. 그러나 자세히 들여다보면 그녀가 최고의 스타강사로 전국을 누비게 된 것이 결코 우연이나 저절로 굴러들어온 행운이 아니라는 걸 알 수 있다.

요즘 주부들이 누구인가. 가만히 앉아서 삼천리를 꿰뚫어보는 사람들이고, 뒤통수에도 눈이 달린 사람들이고, 아는 것이 많기로는 거의 백과사전 수준이다. 그런 사람들 앞에서 어설프게 들이대다간 망신당하기 십상이다. "저걸 강의라고 듣고 있으려니 시간이 아깝다!" 하고 중간에 박차고 나가는 것도 문제가 아니다.

그런데 왜 유독 주부들은 최윤희 강사에게 더 열광하는 걸까? 그 이유를 찾아보자.

재미있다

21세기를 관통하는 트렌드 중에서 유머는 결코 빼놓을 수 없다. 그런데 최윤희 강사의 강의는 웃지 않고는 못 견디게 만든다. 따끈따끈한 유행어와 듣기 거북하지 않을 정도의 속어들을 자유자재로 구사하면서 강의를 듣는 사람들을 배꼽 쥐게 만든다. 진지한 주제를 따분하지 않고 고리타분하지 않게 전달하는 능력은 그녀가 가진 필살기 중 하나이다.

가려운 부분을 콕 짚어서 긁어준다

"변죽만 울린다"는 말이 있다. 무슨 일을 하긴 하는데 핵심에 도달하지 못할 때에 흔히 하는 말이다. 강의하는 사람이 변죽만 울리다 말면 그 강사는 강의 주최 측에나 강의를 듣는 사람들에게 모두 점수를 잃는다.

하지만 최윤희 강사는 1mm의 오차도 없이 핵심을 샅샅이 건드리고 해부하고 재구성해 버린다. 그야말로 청중들의 귀를 몰입시키고 강의가 끝난 다음에는 "속이 다 후련해!" 하는 말을 듣는다. 강사가 청중의 니즈(needs)에 정확하게 부응한다는 것은 그만큼 날카롭게 심중을 꿰뚫어보는 심안을 가지고 있다는 말이 된다.

쉽다

KBS2 TV에서 일요일 밤에 하는 개그콘서트에 봉숭아 학당이란 코너가 있다. 거기서 일어나는 내용 중에 박지선이 나와서 '내 남자 만드는 법'에 대해 코믹하게 소개하면서 끝에 "참 쉽죠. 잉?" 하는 대사가 나온다. 아무리 못 생긴 여자도 마음만 먹으면 애인이나 남편을 만들 수 있다는 의미이다.

그런데 최윤희 강사의 강의야말로 그렇다. 알아듣기 어려운 전문용어도 없고 시대를 거스르는 한물간 내용도 없다. 그렇다고 전달하고자 하는 강의 내용이 결코 가볍거나 단순한 것도 아니다. 그런데 이야기를 풀어가는 방식이 매우 쉽다. 강의를 들으면서 메모를 해야 한다는 부담이나 "방금 한 말이 무슨 뜻이에요?" 하고 옆사람에게 물어볼 필요가 없다. 그야말로 최윤희 강사의 강의는 이렇게 말할 만하다. "참 쉽죠 잉?"

🕐 타이밍을 안다

최윤희 강사는 우선 아는 것이 많다. 읽는 책이 많다. 만나는 사람들이 많다. 방송을 통해 보고 듣는 것이 많다. 유행어와 유머 시리즈를 많이 알고 있다. 그런 그녀를 보다보면 이런 의문이 들 때가 있다. 전국 각처를 돌아다니면서 하루도 쉬지 않고 강의를 하러 다니는데, 언제 책을 읽고 사람들을 만나고 방송을 시청하는 걸까? 정답은 그녀는 놀랄 정도로 부지런하고 매사 치열하게 살아가기 때문이라는 것이다.

그래서 최윤희 강사의 강의는 리얼리티가 있고 타이밍을 비껴가지 않는다. 너무 앞서가지도 않고 때늦은 것도 아닌 강의의 타이밍을 가지고 있다. 시의적절한 강의안을 가지고 있다는 것은, 현재 강의를 하는 사람에게나 강사를 준비하는 사람들이 특히 배워야 할 덕목이다.

몇몇 인기강사들 중에는 10년 전 강의안을 그대로 가지고 강의를 하는 사람들이 있다. 그러다 보니 그 강사의 강의를 두세 번 들은 사람들은 강의 내용을 줄줄 외울 정도이다. 강사의 강의안은 계속 업그레이드를 해줘야 한다. 강사가 타이밍을 놓치면 한물간 강사로 취급받기 때문이다.

최윤희 강사의 강의 특징을 한마디로 표현하자면 '유쾌·상쾌·통쾌·발칙'이다. 겉으로 보이는 방식도 그렇고 메시지도 그렇다. 특히 주부들을 대상으로 한 강의는 전폭적으로 주부들의 지지를 받고 있다. 강의시간 내내 "맞아! 맞아!" 하는 소리가 여기저기에서 들려온다.

이것은 어쩌면 당연한 결과이다. 그녀도 한때는 전업주부였던 때가 있었기 때문이다. 도무지 상상이 되지 않겠지만 그녀의 젊었을 때의 사진을 보면 어찌나 여성스럽게 생겼는지 홀딱 반할 정도이다. 그런 그녀가 지금은 여전사의 모습을 하고선 전국을 누비는 스타강사가 된 것이다.

안방마님에서 여전사가 되다

여성스럽게 생긴 외모에 국문학을 전공한 새침데기 아가씨의 인기를 굳이 강조할 필요는 없을 것이다. 당연히 그녀는 어떤 운 좋은 남자에게 금방 품절되어서 결혼을 한 뒤 현모양처의 길을 걸었다. 그러다가 38세란 늦은 나이에 한 기획사의 카피라이터가 되었다. 짐작하건대 생활전선으로 뛰어들지 않으면 안 될 절박한 사유가 있었을 것이다.

십수 년을 집 안에서 살림만 해오던 여자가 사회생활을 하게 되었을 때 그녀를 기다리고 있던 것은 무엇이었을까. 걱정과 배려? 어림없는 말씀이다. 아마도 그녀는 집 밖으로 나온 그 순간부터 전쟁을 치러야 했을 것이다.

남편 시중 잘 들고 아이들 뒷바라지하면서 "아, 난 아무것도 몰라요. 목소리 한 번 크게 낸 적 없는 걸요. 제 꿈은 현모양처예요" 하며 살던 때와는 다르다는 걸 알기까지 오랜 시간이 필요하지 않았을 것이다.

사람들은 그녀에게 "계속 살림이나 하지 그 나이에 뭐 찾아 먹겠다고 나와서 난리야?" "남의 돈 가져가는 게 어디 쉬운 일인 줄 알아?" 하고 무언의 압력을 주었을지도 모른다.

그리하여 그녀는 세상과 싸워 이기기 위해서라도 강해지지 않으면 안 되었을 것이다. 그러다가 광고기획사를 그만두고 한 케이블 방송국의 홍보부에서 일하다가 1997년 12월에 퇴사하면서 글쓰기와 강의에 전념하게 되었다.

그 무렵 그녀의 스타일은 점점 더 여전사와 같은 모습으로 바뀌어갔던 것 같다. 최윤희 강사의 변천사를 익히 알고 있는 나는 그녀의 열정적인 강의를 보고 있노라면 영화 〈터미네이터〉에서 주인공의 어머니인 사라 코너가 떠오른다.

영화에서 사라 코너는 어린 아들을 하나 두고 있는 평범한 여자였다. 그런데 아들이 위험에 빠지고 죽을지도 모른다는 생각에 잘못된 진단으로 정신병원에 갇힌 상태에서도 힘을 기르기 위해 쉬지 않고 운동을 한다. 그 결과 겁 많고 소심했던 아줌마는 아들을 지키기 위해 적을 향해 총을 빵빵 쏘아대는 근육질의 여전사로 변하였다. 그러니까 별 볼일 없던 아줌마가 용감무쌍하게 변했던 이유는? 그렇다. 사랑하는 아들을 미래에서 온 살인병기로부터 구해내기 위해서였다.

그렇다면 본인 말대로 별 볼일 없던 아줌마였던 최윤희 강사가 지금과 같은 여전사 이미지로 변할 수밖에 없었던 이유는 무엇일까? 답은 의외로 간단하다. 변하는 게 맞기 때문이다. 그녀의 말처럼 암탉이 울면 새벽이 오고 달걀이 생기듯이, 그녀는 목소리를 높이고 강단에서 방방 뛰어야 박수를 받았던 것이다.

많은 여성들이 그녀에게 열광하는 것도 그 때문이다. 전업주부의 삶을 살다가 늦은 나이에 세상에 나와 스스로의 노력과 열정으로 최고의 강사가 되었다는 것. 처음부터 예비되어 있던 여전사의 승리담은 그리 놀라울 것도 없다. 하지만 살림만 할 줄 알던 전업주부가 대한민국의 대표적인 스타강사가 되었다는 것은 모두에게 박수 받아 마땅하다.

시대의 변화를 주도하다

최윤희 강사 이전에도 몇몇 명성을 떨치던 여성 강사들이 있었다. 그들 역시 기업체와 주부들 대상의 강의와 방송을 통해 인기를 얻었고, 자신들의 성공 스토리를 담은 책을 출간하기도 하였다. 그런데 최윤희 강사와는 모든 스타일이 확연하게 다르다. 여성 강사의 역사를 현재 시점에서 크게 나눈다면 '최윤희 전과 후'라고 할 수 있다.

최윤희 강사 이전의 여성 강사들은 최윤희 강사와는 모든 면에서 확실하게 다르다. 주부들을 대상으로 한 강의를 예로 들면 어법과 논조가 180도 달라졌다고 할 수 있다. 최윤희 강사 이전의 여성 강사들은 주부의 현명함이나 지혜를 참고 인내하는 데에 있다고 말했다.

"참고 기다려줄 줄 알아야 합니다."

"때론 남편의 외도도 모른 척 해주어야 현명한 주부입니다."

"모든 것을 참고 순종하다 보면 결국 남편이 알아줄 때가 있습니다."

"아내가 남편의 기를 죽이면 그 남편은 밖에서 성공할 수가 없어요. 무조건 잘했다고 하세요. 웬만하면 져주세요. 바가지 긁고 잔소리하는 거

제발 하지 마세요."

  이런 논조는 동화의 권선징악 코드와도 일치한다. '계모의 온갖 수모를 참고 견딘 결과 왕자님의 사랑을 받고 행복하게 살았다' 인 동시에 '여자의 목소리는 집 담을 넘으면 안 된다' 든지 '여자는 칠거지악을 범하면 안 된다' 는 유교적 교리와 맥을 같이 하는 것이다. 그러다 보니 주부들을 대상으로 대부분의 강의는 주부들에게 일방적인 희생과 양보를 미덕으로 강조하는 내용이었다. 그것은 곧 한국 사회가 오랫동안 갖고 있던 통념이기도 했다.

  부부가 다투다가 아내가 남편에게 폭력을 당해도 "맞을 짓을 했으니까 맞았겠지" 하는 인식이 여전히 남아 있던 시기였고, 남편의 협조 없이 일과 가정생활을 완벽하게 해내는 여성을 '슈퍼우먼' 이라고 추켜세우던 시기이기도 했다. 슈퍼우먼이 될 수 없는 여성들은 상대적으로 마치 자신이 무능한 것처럼 박탈감을 갖기도 했다.

  그 무렵 만약에 최윤희 강사 역시 비슷한 콘셉트를 가지고 있었다면 어땠을까? 2010년 현재 그녀를 찾는 곳은 거의 없을 것이다. 그런데 최윤희 그녀가 누구인가? 그녀는 "네네네, 전 집에서 된장찌개를 끓이며 살림만 할 거예요" 하면서 전업주부로도 오래 살아 보았고, 그 이후 전쟁터와도 같았던 직장생활을 하면서 수모도 겪고 눈칫밥도 먹을 만큼 먹은 분이다.

  그런 그녀에게 세상이 마냥 장밋빛으로만 보였을까? 천만에 말씀이다. 그녀는 이 땅의 약자들과 가난한 자들과 주부들의 처지와 심정을 누구보다 잘 알고 있었다. 그러니 여자들에게 신데렐라나 백설공주처럼 살면 왕자를 만날 수 있다는 내용을 권할 수가 없었던 것이다. 그것이야말로 시대착오가 아닐 수 없다고 판단했을 것이다.

공교롭게도 그녀가 직장생활을 그만두고 집필과 강연 활동을 한 시기는 대한민국이 IMF 경제위기를 맞은 시기와 일치한다. 1997년 12월 3일 대한민국은 외환위기를 맞음으로써 많은 회사들의 연쇄부도와 대량해고, 경기악화를 초래하였다. 국가와 기업, 가정에선 당연히 긴축경영 체제로 돌입하였다. 기업체에서 직원들 교육을 위해 의뢰하던 강연은 특별한 경우가 아니면 열리지도 않았다. 국가 경제위기에서 전업강사들도 위기를 맞게 된 것이다.

설혹 강연회가 열린다 하더라도 IMF 전과 후는 확연하게 달랐다. 전 국민이 허리띠를 졸라매고 죽을힘을 다해 고통을 분담하고 있을 때의 정서는 어느 때보다도 절박했다. 게다가 21세기가 도래하고 있었다. 세계가 '변화'를 외치고 있었고, 인터넷 정보화에 익숙해지면서 글로벌 문화가 자연스레 형성되었다.

그런데 최윤희 강사는 이즈음 원고를 집필하고 강연 활동을 시작하였다. 그녀는 이때부터 자신의 콘셉트를 철저하게 기획하였다.

20세기가 기울고 21세기를 맞으면서 국가 경제위기는 국민 정서에도 영향을 미쳤다. 하루아침에 실직자가 된 사람들과 운영난에 시달리다 문을 닫는 가게나 회사들이 속출하는 상황에서 사람들은 점점 웃음을 잃어갔다. 웃을 일이 없는 시기엔 웃고 싶은 열망이 더 커지는 법이다. 암담한 현실 앞에선 다가올 미래에 대한 기대가 더 커지는 법이다.

최윤희 강사는 그때의 시대가 요구하는 키워드를 정확하게 찾아냈다. 그녀가 겪어온 인생 여정으로 볼 때 그 정도는 어쩌면 문제도 아니었을지 모른다.

그녀는 국문학을 전공한데다가 당대의 트렌드를 정확하게 꿰뚫어야만 하는 광고기획사에서 카피라이터로 일한 경력이 있었다. 게다가 방송사 홍보실에서 일한 경력까지 보태졌다. 그리고 이미 그녀는 결혼 직후 십수 년 전업주부로 살면서 안에서 치러야 할 전쟁은 다 치른 사람이었다. 오십 세가 넘은 그녀에게 두려울 것도 막막한 것도 더는 없었다. 그야말로 그녀의 어법대로라면 산전수전 공중전을 다 겪은 후가 아닌가.

따라서 그녀는 IMF 난국과 새로운 21세기에 필요한 국민적 정서와 자신의 상품성을 잘 알고 있었다. 그래서 그녀는 결코 주눅 들지 않았다. 그녀는 그 모든 과정을 이겨내고 강단에 서는 순간 자신이 강하다는 걸 알았고, 그것은 순전히 자신의 열정과 의지로 이겨낸 결과물이라는 걸 알고 있었다. 사람들에게 특히 여성들에게 그녀는 강하고 발칙해지라고 말한다. 참고 사는 것만이 여성들의 미덕이 아니라고 외친다.

최윤희 강사의 강의가 주부들 나아가 여성들에게 지지를 받을 수밖에 없는 이유는 거기에 있다. 사람들이 여성들에게 '착한 여자 콤플렉스'와 '슈퍼우먼 콤플렉스'에 시달리게 할 때 마치 슈퍼맨처럼 짠하고 나타나 선 큰소리로 이렇게 말해 주었기 때문이다.

"언제까지 여자가 남자들 뒤치다꺼리나 하고 네네네 하면서 다 받아주며 살아야 합니까? 이젠 그러지 맙시다. 여자들도 자기 목소리를 내야 합니다. 남자들 기죽이지 말라고요? 그러면 여자들은 기죽어도 된답디까? 착한 여자로 살아서 뭐 잘 된 거 있습디까? 그런 집안은 남편이 여자 우습게 알고 다 말아 먹어요. 그러니까 우리 주부님들 착한 여자 콤플렉스 집어치워야 합니다. 그래야 나도 살고 너도 살아요.”

"밖에서는 능력을 인정받는 커리어우먼으로 살고 집에 들어오면 살림도 똑 부러지게 잘하는 슈퍼우먼이 요즘 인기 많죠? 그래서 살림만 하는 주부들이나 직장생활 때문에 살림에 소홀한 맞벌이 여성들은 공연한 죄의식을 갖게 되죠? 도대체 누가 그런 생각을 갖게 만들었는지 알아요? 남자들이에요. 지네가 손가락 까딱 안하며 편하게 살아보려고 여자들을

세뇌시키는 겁니다. 살림도 잘하고 밖에서 일도 잘해야 정말 능력 있는 여자다 하는 말에 공연히 여자들 골병만 들어요. 가만히 앉아서 물까지 떠다 바치고 재떨이까지 갖다 바쳐야 현모양처라면 그런 거 안 되면 어때요? 지들은 손이 없습니까, 발이 없습니까?"

그렇다고 그녀가 무조건 주부들을 도발시키는 것은 아니다. 그동안 써낸 많은 책들과 강의를 들어본 사람들은 알겠지만 그녀의 발칙과 도발엔 위기를 순발력 있게 극복하고 희망을 갖게 하는 교훈을 담고 있다. 그래서 그녀의 강의를 듣고 난 주부들은 카타르시스를 느끼면서도 악처들이 되지는 않는다. 결국에 그녀가 주는 메시지는 "남자들과 싸워 이겨 먹어라"가 아니라 "남자들을 잘 이끌어라"이기 때문이다.

그녀의 모든 강의는 희망을 긍정하라고 말하고 있다. 그리고 희망을 향하여 돌진하라고 가르친다. 행복과 희망을 전도하기 위해 그녀가 함께 쓰는 키워드는 열정과 유머이다.

그녀는 전업주부로 살 때 수십 번씩 이사를 다녀야 하는 어려운 생활을 하면서 얼굴에 다크 서클을 드리운 채 누가 슬쩍 건드리기만 해도 울어버릴 것처럼 깊은 우울증을 겪었다고 한다. 그러던 그녀가 지금은 전국을 다니면서 강의를 하고 있고 대한민국에서 모르는 사람이 없을 정도의 스타강사가 되었다. 지금도 그녀에게 강의를 요청하려면 몇 달씩 기다려야 할 정도이다. 마흔 이전까지는 꿈도 못 꾸던 일이다.

그녀를 어둡고 암울하고 추웠던 현실로부터 지금과 같은 최고의 위치로 끌어올린 힘은 삶에 대한 그녀의 통통 튀는 열정과 긍정적인 마인드와 유머 코드였다. 희망을 열정적으로 긍정하지 않았다면 마흔이 다 된 나이에 직업을 가질 생각을 할 수 없었을 것이고, 오십이 다 된 나이로 전문강사가 되겠다는 생각을 할 수 없었을 것이다. 여전사로 살 수밖에 없었던 시간이었고 세월이었다. 사람들이 종종 그녀에게 묻는다.

"저는 아무것도 잘하는 게 없어요."

"너무 늦은 건 아닐까요?"

"나는 삶이 조금도 행복하질 않아요. 차라리 죽는 게 낫다 싶어요."

그런 사람들에게 최윤희 강사는 이렇게 말한다.

"최윤희도 했는데 왜 못해요? 당신은 더 잘할 수 있어요."

명랑·유쾌·불량 아줌마가 행복하다

최윤희 강사의 강의는 활자로 읽는 것보다 직접 현장에서 보고 듣는 것이 100배쯤 더 재미있다. 그때그때 촌철살인의 이야기들이 끊임없이 나오기 때문이다. 최윤희 강사는 내가 아는 수많은 강사들 중에서도 몸을 사리지 않고 '죽기 살기로' 에너지를 쏟는 강사 중 한 명이다.

그녀는 사적인 자리에서도 매우 열정적이고 유머러스하다. 그런 모습 때문인지 친하게 지내는 인맥 리스트도 혀를 내두를 정도이다. 그런 그녀가 2009년 한 해에 가장 많이 외친 말은 '엣지 있게'와 '넛지 있게'일 것이다. 얼마 전에 모 TV에서 패션 잡지사에서 일어나는 이야기를 다룬 드라마를 방영하면서 여주인공의 "엣지 있게!"라는 말이 화제가 된 적이 있었다. 그 전에는 반대되는 개념의 《넛지》라는 책도 화제가 된 터여서 감각 있는 최윤희 강사가 이를 놓칠 리가 없다.

분명하고 강력하게 할 때에 가차 없이 칼날을 세우고, 부드럽고 너그러움이 필요할 때엔 한없이 말랑말랑해지기도 하라는 것이다. 새로운 시대의 트렌드나 유행어가 탄생하지 않는 한 아마도 당분간은 화두가 될 것 같다. 다음은 최윤희 강사의 강의 중에서 하이라이트 부분을 정리한 것이다.

착한 여자 콤플렉스에서 벗어나라

우리 남편들 어때요? TV에 이효리가 나와서 날씬한 몸으로 춤을 추는 걸 보면 아내들한테 눈총을 주면서 S라인 타령을 하지요? 거기다가 생머리를 한 김태희가 나오는 CF를 보면 또 한마디 합니다. "그놈의 뽀글뽀글 아줌마 파마는 지겹지도 않아?"

아니, 우리라고 아줌마 파마 하고 싶어서 하냐고요? S라인 하기 싫어서 안하냐고요? 우리도 결혼하기 전엔 다들 S라인 한몸매들 했잖아요? 안 그래요? 우린 뭐 뽀글뽀글 머리가 좋아서 그렇게 하냐고요. 찰랑찰랑 생머리를 하려면 머리카락 관리에 얼마나 손이 많이 갑니까? 살림하랴, 애들 보랴 미용실 비용도 아깝고 간편하게 손질하려고 라면머리 해달라는 거 아니냐고요.

그런 우리한테 TV에 나오는 예쁜 여자들 반만 닮아도 좋겠다고 요구를 하는 남편들도 반성을 해야 해요. 주부님들은 남편들한테 그런 거창한 거는 바라지도 않지 않습니까? 유재석이처럼 돈을 많이 안 벌어온다고 뭐라고 합니까, 강호동이처럼 한손에 번쩍 안아서 침대로 데려가지 못한다고 바가지를 긁습니까? 우리가 바라는 건 그저 쓰레기봉투 하나 치워 달라는 정도, 술을 좀 줄여 마셨으면 좋겠다는 정도 아니냐고요.

그런데 주부들한테는 희생과 양보만 강요하잖아요. 주부님들, 참는 게 만병통치약이 아니에요. 남편들 툭하면 "당신이 집구석에서 하는 게 뭐가 있어? 매일 놀면서" 하는데 집에서 노는 주부가 어디 있어요? 집에서 할 일 없어서 노는 주부님 계시면 손들어 보세요. 없지요?

요즘 절친, 절친 하는데 주부들 절친 셋이 뭔지 아세요? 바로 '걸레, 행주, 도마' 가 주부들하고 하루 종일 같이 지내는 베스트 프렌드이에요.

어느 조사기관에서 통계를 내보았는데 주부들의 평균 연봉이 3,000만 원이라고 합니다. 주부들이 얼마나 많은 역할을 하는데 사실 3,000만 원도 많은 게 아니에요. 주부들은 살림전문가, 교육전문가, 경제전문가, 건강전문가이면서 가족들이 호출하면 언제든지 뭐라도 해줘야 하는 24시간 편의점 역할도 하지 않습니까.

주부들은 정말 한 가정의 만능 척척박사입니다. 주부가 며칠만 집을 비워 보세요. 그 집안은 하루 이틀이면 쑥대밭이 되어버려요. 그러니 주부들은 짐이 무거워지고 스트레스가 쌓여서 병이 나는 겁니다.

주부들 삶을 위협하는 3대 암이 뭔지 아세요? 자궁암, 유방암, 우울암이에요. 우울증에 걸리면 자기도 죽고 사랑하는 가족도 함께 데려가는 사람도 많으니 결코 암보다 가볍지가 않아요. 주부들이 특히 우울증에 많이 걸리는 건 참고 살아서 그래요. 가정의 평화를 위해서 참고, 참고 자꾸 참으니까 그게 마음의 병이 되어서 나중엔 차라리 죽자 이렇게 되는 겁니다.

참고 사는 거 좋죠. 그런데 '무조건' 참으면 병 생겨요. 남편한테 화가 나면 표현도 하고 스트레스를 풀어야 해요. 김치와 남편의 공통점이 뭔지 아세요? 둘 다 일단은 숨을 죽여야 한다는 거예요. 그 다음은 매운 고춧가루로 인정사정없이 버무려주어야 한다는 겁니다. 그 다음 공통점은 오래 될수록 깊은 맛을 느낄 수 있다는 거예요. 주부님들이 김치를 만들 듯 남편도 그렇게 손을 봐주라 이거예요.

무조건 착한 여자는 더 이상 매력 없습니다. 착한 여자 콤플렉스에서 벗어나세요. 조건부 착한 여자가 되어야 합니다. 남편이 나쁘게 행동하면 동침을 거부하고 똥침을 가차 없이 쏴주세요.

명랑 · 유쾌 에너지로 스트레스를 날려라

주부들이 우울증에 걸려 있으면 집안이 감옥이에요. 그런데 어떤 주부가 우울증에 걸립니까? 무한희생 무한봉사로 매사에 참고 사는 여자들이 우울증에 걸려요. 즐겁고 행복한 게 없는데 웃을 일이 뭐가 있겠어요.

그래서 나는 주부들한테 참고 사는 건 미련한 짓이라고 말합니다. 싫으면 싫다고 말하면서 살아야 병이 안 걸려요. 참고 살아서 병 걸리면 누가 잘했다고 상 줍디까? 그렇게 해서 병들어 죽으면 남편만 좋은 일 시키는 거예요. 좋다고 새 장가 갈 거 아니겠어요?

무조건 꾹 참고 살면서 병 키우지 말고 생각을 바꿔야 나도 살고 가정도 지킬 수가 있어요. 주부가 명랑 · 유쾌해야 남편과 아이들도 명랑 · 유쾌해지는 겁니다. 착하기만 하는 여자는 매력이 없어요. 때론 명랑 · 유쾌 · 불량 아내가 되세요. 가정을 버리고 뛰쳐나가는 불량 아내가 아닌 집안을 활기 있게 만들고 자극을 주는 불량 아내가 되라는 거예요.

문제를 어떻게 돌파하느냐는 자기 자신에게 달려 있는 겁니다. 현실을 비관하면서 우울에 빠져 살 것인가, 유쾌하고 밝은 에너지로 만들 것인가 말입니다.

하루는, 남편이 툭하면 반찬 투정을 한다던 옆집 여자가 매일 한 번씩 외출을 하기에 어딜 다니냐고 물었더니 뭘 배우러 다닌다더군요. 그래서 요리학원에 다니냐고 물었더니 이렇게 말하더라고요. "요리학원은 무슨, 앞으로 한 번만 더 음식이 짜네, 다네 불평하면 이단 옆차기로 날려버리려고 태권도 학원에 다녀요."

그 이야기를 듣고 웃음이 나왔습니다. 그런 정도의 배짱이라면 절대로 우울증에 걸릴 일도 없고, 남편이 아내한테 지루함을 느낄 일도 없겠다고 생각했지요. 저는 이 분이야말로 엣지와 넛지를 갖춘 현명한 주부라고 생각해요.

저는 주부님들에게 행복의 달인이 되려면 삼한사온 요법으로 남편을 대하라고 말합니다. 곧 엣지와 넛지를 기술적으로 적절히 배합하는 겁니다. 3일은 엣지 있게 예리하고 분명하게, 4일은 넛지 있게 조금 부드럽게 우회적으로 남편을 대해 보세요. 일주일 내내 '네네네' 하는 착한 아내로 살면 남편들이 권태로워 하다가도 적당히 냉탕과 열탕을 오고 가며 살게 되면 남편들이 지루해질 사이가 없어요.

반찬 투정하는 남편에게 "먹기 싫으면 굶엇!" 하고 큰소리를 쳐 보세요. 남편은 "갑자기 이 여편네가 왜 이러나?" 하고 놀라서 평소 아내 얼굴 변변히 들여다보지도 않던 남편이 그때엔 자세히 들여다 봐줄 겁니다. 어찌 됐든 그렇게라도 자세히 봐주면 좋은 거 아닌가요? "이 여편네야 당신 미쳤어?" 하거든 "그래, 당신 비위 맞추며 살다가 미쳤다!" 라고 해버리세요. 그러면서 우울증과 스트레스를 날려버리는 겁니다. 그야말로 셀프 클리닉이 되는 거지요.

남편에게 화도 내고 밥도 굶길 줄 아는 불량 아내가 마음의 병에도 안 걸리고 스트레스도 없어서 명랑 · 유쾌한 아내가 될 수 있는 거예요. 그러니까 행복하게 가정을 지키며 살려거든 무조건 착한 아내로만 살지 말고 명랑 · 유쾌 · 불량 아내도 되어보라 이겁니다.

열정 · 유머 · 희망 _ Fun과 긍정으로 무장한 거침없는 도발의 여전사

❶ 웃음으로 세상을 지배하고 세상에 헌신하라.

❷ 절망 속에서 희망을 캐내는 사람이 되라.

❸ 생각대로 살지 못하면 사는 대로 생각하게 된다. 생각하고 생각을 실현하라.

❹ 빨리 가는 것보다 바르게 가려고 하라.

❺ 때를 기다리지 말고 기회를 만들어라.

❻ 예스맨이 되려고만 하지 말고 용기 있는 No를 외쳐라.

❼ 돈을 밝히는 사람보다는 돈에 밝은 사람이 되라.

❽ 긍정과 친해져라.

❾ 초심을 잃지 마라.

❿ 늘어가는 나이와 주름보다 나쁜 건 자신감을 잃는 것이다.

chapter 10

리더십 · 멘토링 · 사랑
대한민국 21세기 리더십의 오늘과 내일을 말한다

_ 한홍

●●● UC버클리 대학을 졸업하고 웨스트민스터 신학대학원에서 목회학 석사, 풀러 신학대학원에서 '미국 교회사'로 박사학위를 받았으며, '온누리교회' 양재성전의 수석 목사였다가 지금은 '새로운교회' 담임목사이다.
목회자와 평신도 지도자들을 대상으로 한 리더십 강의가 독창적이고 탁월하다는 평이 나면서 여러 대기업과 기관, 단체에서 리더십 특강을 하게 되었고, 지금은 리더십 강의의 일인자로 불리고 있다. 〈조선일보〉에 '한홍의 리더십 강좌' 칼럼을 연재하기도 했다.
저서로는 《칼과 칼집》 《리더여, 사자의 심장을 가져라》 《거인들의 발자국》 《남자는 인생으로 시를 쓴다》 《시간의 마스터》 《세상 중심에 서다》 《왕들의 이야기》 《리더의 영혼을 가꾸는 전(全)방향 리더십》 등이 있다.

CEO들 앞에서 강의하는 목사님

총알택시 운전사와 목사님이 천국에 가게 되었다. 목사님은 자신이 총알택시 운전사보다 훨씬 환영받을 줄 알았는데 하나님께서는 총알택시 운전사를 더 칭찬하였다. 억울한 마음이 들어 목사님이 이유를 묻자 하나님께서 이렇게 말씀하셨다.

"너는 사람들을 늘 졸게 했지만 이 사람은 항상 사람들을 기도하게 했느니라."

'사람들을 늘 졸게 하는 사람' 하면 가장 먼저 교장선생님의 지루했던 훈화시간이 생각난다. 끝나기를 이제나 저제나 기다리는데 교장선생님들은 항상 "한마디만 하고 마치겠습니다" 하고선 5분, 10분 이야기가 길어진다. 그에 못지않게 목사님의 설교시간도 신자들에겐 지루할 때가 많다. 신앙심이 아무리 좋은 사람이라도 설교시간에 한두 번은 졸아본 경험이 있을 것이다. 오죽하면 누군가 듣기 싫은 소리를 할 때 "설교 집어치워"라고 말하겠는가.

그렇지만 목사님들의 설교라고 다 지루한 것만은 아니다. 어떤 목사님들은 신자들을 졸게 하기는커녕 졸고 있던 신자들까지 잠이 확 달아나게 할 정도로 설교를 재미있게 한다. 그래서 사람들은 다른 동네로 이사를 가게 되면 교회 목사님의 설교를 차례로 들어보고 다닐 교회를 정하기도 한다.

사실 설교의 성격이 교훈적이다 보니 진지함에서 크게 벗어날 수 없게 되고 목사님들의 설교가 따분해지게 되는 이유이기도 하다. '목사님들은 재미없다'는 인식이 팽배하다 보니 종교 관련한 곳이 아니면서 현직 목사님을 강사로 초빙하는 경우가 거의 없었다.

그런데 그동안의 틀을 깨고 설교가 아닌 강의로 실력을 인정받은 사람이 한홍 목사이다. 그는 현재 리더십 강의분야에서 최고로 손꼽히고 있다. 오랫동안 외국생활을 하면서 목회 공부와 함께 세계의 다양한 사례와 리더십 이론을 배우고 돌아온 그는 처음엔 자신이 목회 활동을 하는 교회의 신자들을 대상으로 리더십 강의를 했었다. 그런데 그 강의가 소문이 나면서 여기저기에서 강의 요청이 들어오고, 리더십 관련 칼럼 청탁이 쇄도하게 된 것이다. 사실 이런 경우는 매우 드문 일이다.

시대가 급속도로 변화하면서 리더십의 유형도 조금씩 변하고 있다. 그런데 한홍 목사는 항상 현실에 가장 부합되는 리더십 강의를 함으로써 현장에서 뛰고 있는 CEO들에게도 각광받는 것으로 알려져 있다.

현재를 살아가면서 리더십의 요건은 모든 사람들에게 필요한 가치이다. 인간은 혼자선 살아갈 수 없고 사회활동을 통하여 인간관계가 형성

되고 그 관계와 소통을 통하여 삶의 목표와 비전을 이루어가는 존재들이기 때문이다. 리더십은 그 관계의 주도권을 어떻게 잡아갈 것인가의 문제이다. 한홍 목사의 리더십 강의는 그런 점에서 많은 사람들에게 삶의 지혜와 방법을 제시해주고 있다.

오바마가 2008년에 미국의 44대 대통령으로 당선되면서 그의 입지전적인 인생이 부각되어 오바마 리더십이 주목을 받았었다. 2008년에 한 조사기관에서 383명을 대상으로 대한민국의 차기 지도자에게 필요한 오바마 리더십 유형을 묻는 설문조사에서 응답자의 41.5%가 '신뢰의 리더십'을 꼽았다. 한국 사회의 지도자들에게는 믿음과 신뢰에 기반한 리더십이 그만큼 절실하다는 이야기다. 그리고 직장상사에게 가장 필요한 오바마 리더십으로는 '대화와 커뮤니케이션의 리더십'이 응답자 전체의 43.2%로 1위를 차지했다.

2009년엔 한 취업·인사포털 사이트에서 기업 인사담당자 292명을 대상으로 '기업이 원하는 팀장 리더십'에 관한 설문조사를 한 결과, 팀장의 리더십이 실제 기업의 성장에 영향을 미치고 있다고 대답한 사람이 무려 96.6%였으며, 팀장 리더십이 중요해지는 이유에 대해서는 '개인화 시대에 원활한 커뮤니케이션 통로 필요성 증가'란 응답이 41.3%나 되었다. 그리고 기업에서 원하는 바람직한 팀장 리더십에 대해서는 59.6%가 실무보다 비전 제시가 탁월하고 큰 그림을 그릴 수 있는 '전략가형 리더십'을 꼽았다.

리더십 논의는 이제 사회 모든 분야에서 중요하게 취급하고 있는 덕목이 되었다. 이런 시대적 배경 안에서 한홍 목사의 강의가 인정받고 있다는 것은 그만큼 그가 목사란 신분을 떠나서 리더십 강의에 있어서만큼은 타의 추종을 불허한다는 이야기가 된다.

그는 지금까지 여러 권의 리더십 관련 책을 출간하였는데 그 내용과 수준이 독창적이면서도 전문성을 갖추고 있다는 평을 받으면서 지금은 고정 독자층이 확보되어 있을 정도이다. 이쯤 되면 한홍 목사의 강의를 들어보지 않았거나 책을 읽어보지 않은 사람들은 이렇게 말할 수도 있겠다.

"목사가 하는 강의나 책이 뻔하지. 결국 결론은 예수 믿으라는 거 아니겠어?"

그런 편견을 가지고 있는 사람이 있다면 일단 그의 강의를 들어보라고 권하고 싶다. 나 역시 처음엔 그랬다. 나는 직업강사이기도 하지만 강사 컨설턴트이기도 하다. 그래서 주변에서 누구 강의가 좋다고 소문이 나면 전국 어디든지 달려가 들어봐야만 직성이 풀린다.

한홍 목사의 경우도 마찬가지였다. 여기저기에서 한홍 목사의 이름이 여러 번 오르내리는 걸 들었다. 대체로 내용은 리더십 강의가 최고라는 거였다. 평소 설교를 잘한다는 건 익히 알고 있는 일이었지만 리더십 강의는 또 다른 게 아닌가. 우선 책부터 몇 권 구입해 읽었다. 그리고 무릎을 쳤다. 기대했던 그 이상의 필력과 전문적인 식견이 고스란히 책에 담겨 있었다.

물론 어떤 부분들은 성경 속 인물 혹은 성경 사례를 끌어와 설명하고 있지만 그건 일반적인 설교에서의 인용과는 성격이 다르다. 카네기 성공학 전문 강사는 성공의 원리를 카네기 이론에서 찾고, 박재희 강사의 경우는 리더십과 리더의 자질을 손자병법을 통해 설명하고 있다. 한홍 목사의 성경 속 비유들도 그런 선상에서 이루어지고 있기 때문에 기독교 신자가 아니더라도 그의 강의를 들으면서 거부감이 들지 않는다. 오히려 그의 폭넓은 지식과 탁월한 리더십 이론에 놀라게 된다.

그가 지금까지 세상에 내놓은 책의 내용만 보더라도 그가 얼마나 뛰어난 리더십 분야의 전문가인가 알 수 있다. 성경을 통해 리더들의 시간관리 능력을 알려주는 《시간의 마스터》, 인류 역사를 움직여온 거인들의 발자취를 통하여 리더십의 중요한 원리들을 설명하고 있는 《거인들의 발자국》, 이스라엘 역사 속의 왕들에게서 배우는 하나님의 리더십 코드를 담은 《왕들의 이야기》, 목회자와 평신도의 리더십에 관한 강연집인 《칼과 칼집》, 성경 속 인물 다윗을 통해 21세기 리더십 코드를 제안하는 《남자는 인생으로 시를 쓴다》, 여호수아서에 나타난 이야기 전개를 따라가면서 리더십 원리를 도출해낸 《리더여, 사자의 심장을 가져라》 등등의 책들이 있다.

최고의 리더십 강사는 뭔가 다르다

목사라는 편견을 뛰어넘어 리더십 강사로서 최고란 소리를 듣고 있는 한홍 목사의 몇 가지 매력에 대해 살펴보자.

🎤 반하지 않을 수 없는 목소리의 소유자이다

강사들은 강의 내용 못지않게 목소리가 중요하다. 발음이 정확하고 설득력이 있으며 울림이 있는 목소리는 일단 듣는 사람들에게 호감을 준다. 반면에 아무리 강의 내용이 좋아도 목소리가 제대로 전달되지 못하면 듣는 사람도 감흥하지 못한다. 내용으로만 전달되는 책과는 달리 강의는 내용과 강사의 외모, 언어구사력, 표정과 태도, 목소리 등등의 영향을 받기 마련이다.

대한민국에서 내로라하는 인기강사들을 보면 대부분 목소리들이 다 좋다. 그런데 한홍 목사의 목소리는 그 중에서도 단연 돋보인다. 그의 목소리는 일단 기품이 있고 격조가 있다. 그리고 부드러움과 강함이 절묘하게 섞여 있으면서도 정확한 발음 속에 묻어나오는 고품격의 어휘들은 듣는 사람으로 하여금 무한한 신뢰감을 갖게 한다. 과장되게 표현하면 그의 목소리는 격조 있는 음악을 듣고 있는 것처럼 듣는 사람에게 미소를 짓게 만드는 매력이 있다.

🎵 감성 리더십 비전을 제시한다

한홍 목사의 리더십 비전은 휴머니즘을 담고 있다. 그가 생각하는 리더란 흔히 말하는 엘리트의 개념과는 다르다. 그는 진정한 리더의 의미를 이렇게 말한다.

"한국에 엘리트는 참 많다. 그런데 리더는 없다. 엘리트가 자신을 성공하게 하는 사람이라면, 리더는 주위에 있는 사람들을 성공하게 하는 사람이다."

그의 리더십 비전은 21세기를 살아가는 현대인들의 메마른 정서에 가장 필요한 가치가 무엇인지를 가르쳐 준다. 그의 리더십엔 인류애가 깃들여 있다. 다른 사람을 위해 양보와 협조를 할 줄 아는 리더야말로 진정한 리더라고 그는 말하기 때문이다.

🎵 시대를 관통하는 리더십 전문가이다

리더십은 어느 시대에나 중요한 가치였지만 그 사회적 환경과 정서에 따라 요구되는 리더십은 조금씩 다르다. 아무리 개인의 능력이 뛰어나도 시대의 흐름을 읽지 못하는 리더는 도태할 수밖에 없다.

그런 점에서 한홍 목사의 리더십 강의는 늘 새롭고 미래지향적이다.

특히 성경 속의 낡은 인물들을 끌어와 21세기의 리더들이 갖추어야 할 덕목과 연결시키는 실력은 단연 최고이다. 그의 리더십 강의를 들으면, 리더들의 역사가 과거에서 현재로 어떻게 변화해 왔는지, 미래엔 어떤 가치를 요구하는지를 알게 된다.

훌륭한 리더십의 필수 요소들

삼성과 현대는 대한민국을 대표하는 기업이다. 그러다 보니 두 그룹의 창업자인 이병철 회장과 정주영 회장의 경영 리더십이 자주 비교되곤 한다. 카이스트의 배종태 교수는 〈한국형 기업가 정신 모델 정립에 관한 연구〉라는 제목의 보고서에서 두 사람의 경영 리더십을 다음과 같이 비교하였다.

> 이병철 삼성그룹 창업주는 수많은 회사들을 설립했을 뿐 아니라 대부분 사업에서 성공을 거뒀다. 그 비결은 뛰어난 사업 수완과 기업가적 사고방식에 있다. 주변의 회의적인 시각에 아랑곳하지 않고 반도체 사업에 뛰어드는 결단을 내린 것은 그의 기업가 정신을 나타내는 대표적인 사례다.
>
> 호암의 사업 원칙들은 다음의 다섯 가지로 요약된다. 첫째, 국내외 정세 변동을 명확하게 통찰한다. 둘째, 무모한 과욕을 버리고 자기 능력과 한계를 냉철하게 판단한다. 셋째, 요행을 바라는 투기는 절대로 피한다. 넷째, 직관력의 연마를 중시한다. 다섯째, 제2·제3선의 대비책을 미리 강구해 놓은 후 실패라는 판단이 서

면 깨끗이 미련을 버리고 차선의 길을 택한다.

정주영 현대그룹 창업주가 가장 중시한 덕목과 가치는 최선의 노력과 성실이다. 사람이란 근면하면 무엇이든 이뤄낼 수 있다는 신조의 소유자였다. 아산은 스스로 사명감을 갖고 일했으며, 적극적이고 진취적인 자세로 임직원들을 독려했다. 그러다 보니 아주 세부적인 사안까지 일일이 참견하고 지시하는 것으로 비쳐지기도 했다. 하지만 위기 상황에서는 늘 자신을 직접 던짐으로써 불가능해 보이는 일도 해내는 솔선수범을 보였기에 조직 전체의 존경을 이끌어낼 수 있었다.

아산의 적극성과 진취성, 근면성은 특유의 사업 추진력으로 나타났다. 현대건설 초기 미국 아이젠하워 대통령 숙소와 미군 병사 10만 명의 임시 숙소를 건설하는 대공사나 첫 해외 사업이었던 태국 파타니 나리티왓 고속도로 공사, 그리고 경부고속도로 건설 등은 모든 열악한 여건을 뚫어낸 그의 추진력과 결단성의 대표적인 사례들이다."

국가든 조직이든 가정이든 훌륭한 성공 뒤에는 훌륭한 리더십이 있었다. 좋은 리더십을 지니고 있는 리더는 조직을 현명하게 이끌고 발전시킬 수 있지만, 조직을 분열시키고 약화시키는 리더십도 있다. 그래서 사람들은 어떤 리더십을 갖추고 있어야 하는지에 관심이 많다. 자신이 좋은 리더가 되기 위해서도 필요하지만 누가 좋은 리더인지를 알아보기 위해서도 필요하기 때문이다.

한홍 목사는 그의 저서 《거인들의 발자국》에서 좋은 리더십의 필수 요소들에 대하여 다음과 같은 덕목들을 꼽고 있다.

🎯 균형 감각

1차, 2차 세계대전 때 프랑스군은 긴 마지노선을 그어놓고 철옹성이라고 자랑했지만, 독일군의 집중적인 공격을 받자 무너져 내리고 말았다. 그 시대와 상황에서 가장 중요하다고 여겨지는 것에 최선을 다해 집중하는 것이 균형이다.

리더는 시대상황을 정확하게 읽고 대처할 줄 아는 균형 감각을 지니고 있어야 한다. 리더의 균형 감각 중에서 특히 중요한 부분은 자신과 다른 역사의 인물들이 그때의 시대적 사명이나 스타일에 따라 다양한 소명을 가지고 있었다는 점을 인정하고 받아들이는 자세이다.

🎯 인격, 신뢰성

미국의 한 연구기관이 전국의 평사원들을 대상으로 "리더에게 가장 원하는 게 무엇이냐"는 설문조사를 했더니 85%의 사람들이 '정직성' 과 '윤리성' 이라고 답했다. 대부분의 직원들이 믿을 만한 리더를 원한다는 것이다. 그런 점에서 리더가 어떤 인격을 가졌느냐는 리더십에도 영향을 미친다고 할 수 있다. 그러기 위해선 다음의 덕목을 갖추고 있어야 한다.

- 배움에 대한 겸손과 열정 : 월마트를 세운 샘 워튼 창업자는 그의 가게가 20개가 되었을 때에도 학교를 다녔는데, 자기 반에서 가장 똑똑한 친구들을 아칸소로 데려와 간부들로 고용하기 위해서였다. 그는 새로운 정보를 배우는 데에 시간을 투자하면서 정보화 시대를 대비

한 신세대 인재 등용을 위해서도 끊임없이 공부하였다.

- **정직과 투명함** : 리더십에 있어서 중요한 시대를 앞서가는 비전을 보기 위해선 정직하고 투명해야 한다. 미국 개신교의 대변인으로 불리는 빌리 그레이엄은 돈, 정치, 섹스로 인한 어떤 스캔들도 일으키지 않았기에 전 세계인들의 존경을 받을 수 있었다.

- **성실성** : 상황이 어떻게 되든, 상대방이 어떻든 변함없이 자신에게 주어진 일을 해나가는 자세가 곧 리더십의 핵심인 성실성이다.

- **용기** : 리더란 다른 사람이 겁을 먹고 있을 때 5분 더 견딜 수 있는 사람이다. 그리고 자신의 고통과 두려움 속에서도 따르는 이들에게 용기를 줄 수 있는 사람이다.

- **결단력** : '리더의 일은 결정하는 것'이라고 말한 사람은 GE의 잭 웰치이다. 리더는 제때에 결단을 내리고 거기에 대한 책임을 져야 하는 사람이다.

🔑 능력

리더는 인격만 갖추었다고 되는 게 아니다. 능력과 실력을 모두 가지고 있어야 한다.

- **지적 능력(정보 분석력과 활용력)** : 쏟아져 나오는 모든 정보를 다 알고 있을 필요는 없지만 그 중에서 중요한 것들을 선별하고 자신의 상황에 맞는 틀에 맞추어 해석해 내는 능력이 필요하다.
- **집중력** : "좋은 지도자는 한 가지 목표에 집중한다. 목표를 장악하는 것이 목표에 의해 장악당하는 것보다 낫다"고 잭 웰치는 말한다. 그는 이길 수 있다고 판단되거나 경쟁력이 있다고 생각하면 모든 것을 거기에 집중 투자함으로써 현재와 같은 최고 기업을 만들었다.
- **철저한 준비** : 준비가 철저하지 못한 지도자는 자신뿐 아니라 조직원들까지 파멸시킨다. 작은 부분까지 사전에 철저히 준비하는 리더는 결국 비전을 현실화하고 만다.
- **조직 장악력** : 조직을 장악하는 리더가 되려면 적합한 사람을 적합한 위치, 적절한 시간대에 배치하고, 그들이 최고가 될 수 있도록 격려하고 훈련시키며 능력에 따른 보상을 해주는 리더십을 가지고 있어

야 한다.

- 의사 전달 능력 : 리더는 커뮤니케이션의 전문가가 되어야 한다. 조직 전체의 사기를 진작시킬 수 있는 따뜻한 커뮤니케이션과 조직의 이미지를 확실하게 각인시켜 줄 수 있는 의사 전달 능력을 가져야 한다.
- 위기관리 능력 : 미국의 프랭클린 루즈벨트 대통령은 1920년대의 경제 대공황을 맞아 미국인들에게 긍정적인 비전과 용기를 줌으로써 희망을 심어 주었다. 젊은 리더들에게 부족한 것은 위기관리 능력이다.

융화력, 팀워크 창조력

훌륭한 리더는 조직원들의 힘을 하나로 모아 강력한 시너지 효과를 내게 유도한다. 조직을 위해 조직원을 희생시키는 것이 아니라, 그러한 팀워크를 통해서 개인도 성공할 수 있도록 이끄는 능력을 가진다.

다음은 한홍 목사가 IDAS 최고경영자 대학원에서 했던 리더십 강의 '살아 있는 시스템 만들기' 중에서 일부분을 옮긴 것이다.

보통 리더십 연구라고 하면 사람들은 한 명의 탁월한 리더를 부각시키고, 그 사람의 천재성을 철저히 해부해서 공부하는 위인전 읽기식 접근을 합니다. 그러나 정작 중요한 것은 한 명의 천재를 가진 팀보다 지속적으로 탁월한 사람들을 키워내는 팀입니다. 천재는 모방할 수 없지만 탁월한 인재들을 계속 배출해내는 시스템은 본받을 수가 있기 때문입니다.

2차 세계대전 당시 아프리카 전투에서 연합군에게 엄청난 고통을 주었던 독일의 롬멜(Rommel) 장군을 우린 잘 알고 있습니다. '사막의 여우' 라는 별명을 가졌던 롬멜의 천재성은 많은 사람들의 연구대상이 되었지만, 그들이 간과하는 중요한 사실은 롬멜을 키워낸 독일군 작전 참모부입니다.

1870년 오스트리아와 프랑스를 꺾고 통일 독일의 기반을 다지는데 지대한 역할을 한 육군 원수 몰트케(Moltke)는 무선 통신시설이 없던 당시에 수십만의 대군이 총사령부의 재가를 일일이 받아야 움직이는 것이 극히 비효율적이라고 판단, 독일군 작전 참모부라는 것을 만들게 된 것이 그 시초입니다.

200여 명의 가장 탁월한 젊은 장교들을 뽑아서 2년여에 걸쳐 전쟁에 관한 모든 이론과 실전 경험을 철저히 가르친 후, 그 장교들을 일선의 사령관들에게 한 명씩 배치시켰습니다. 유사시에는 이 엘리트 장교들이 상황을 보고 자체 판단해서 부대를 움직여 행동할 수 있도록 총사령관의 권한을 위임했습니다.

이러니 독일은 200여 명의 탁월한 사령관들을 일선에 깔아둔 셈이 되었습니다. 이들이 동일한 지휘철학을 가졌지만, 상황에 따라 유연하고 민첩하게 움직이는 장교들의 지휘하에 각 부대별로 전광석화처럼 움직이기 시작하자, 구식 지휘 체계를 갖고 있던 영국이나 프랑스, 오스트리아가 당해낼 도리가 없어서 연전연패하고 맙니다.

1차, 2차 세계대전도 미국이 참전하지 않고는 도저히 독일군의 전투력을 당해낼 수가 없을 정도로 강했던 독일군의 저력은 그들의 탁월한 장교 훈련 시스템에 있습니다. 이런 시스템하에서 롬멜이라는 천재가 배출된 것입니다.

대학시절 제게 군사 정치학을 가르쳐 주었던 교수님은 원래 나토(NATO)의 장성 출신이었는데, 요즘도 탱크전에 있어서는 독일군 장교들이 세계 최고 수준이라고 했습니다. 독일의 진정한 저력은 한두 명의 천재에게 있는 것이 아니라 두터운 리더층을 양성하는 시스템에 있는 것입니다.

국가적으로 보면 로마도 그랬고, 미국도 그랬고, 리더들을 지속적으로 계속 키워내는 시스템을 가진 나라는 항상 역사 속에서 진주처럼 빛났습니다. 그래서 가끔 다른 나라에서 한 명의 탁월한 천재가 나와도, 거기에 대항해서 장기적으로는 반드시 승리했습니다. 지도층이 두터운 것은 곧 그 나라의 저력을 의미합니다. 탁월한 리더들을 지속적으로 발굴하고, 훈련시키고, 기회를 주는 시스템 구축을 우리는 끊임없이 고민해야 합니다. 개인적인 탁월함을 보면서 동시에 그 탁월한 개인을 양성해낸 환경을, 배경을 보자는 것입니다.

이런 맥락에서 수년 전 제가 읽다가 무릎을 치면서 밤을 새워가며 단숨에 독파해버린 기가 막힌 책이 하나 있습니다. 미국 스탠포드대학 경영대학원 교수를 지낸 젊은 학자 짐 콜린스가 6년의 연구 과정을 거쳐 집필한 《영구히 보존되게 만들어진 것 : 비전 기업들의 탁월한 습관들(Built to Last : Successful Habits of Visionary Companies)》은 비즈니스 위크지의 베스트셀러 리스트에 무려 29개월이나 올랐고, 30개 국어로 번역되어 출판되기도 한 세계적인 베스트셀러입니다.

이 책을 쓰기 위해 그의 스탠포드 연구팀은 모토로라, 휴렛팩커드 등 18개 우수 기업들의 역사를 철저히 조사했는데, 그 회사들의 공통점은 모두 평균 100년의 역사를 가진

회사들로서, 1926년 이후 주식시장의 평균 주가의 17배 이상의 발전을 이뤄낸 저력이 있었습니다. 짐 콜린스는 리더십을 "한 조직으로 하여금 장시간동안 계속 탁월한 성과를 올릴 수 있게 하는 능력의 열쇠"라고 정의하고, "무엇이 한 기업이나 단체로 하여금 한 탁월한 리더가 무대에서 사라져도 계속 끊임없이 발전하고 성공할 수 있게 할까? 무엇이 세대를 초월해서 지속되는 뛰어난 단체를 만드는가?"라는 질문을 던지면서 이 책을 썼다고 합니다.

이 책에서 짐 콜린스가 정리한 금쪽같은 결론들 중에 첫째는 시간을 알려주는 것(time-telling)보다 시계를 만들어주는 것(clock-building)이 더 중요하다는 것입니다. 시대를 초월해서 계속 자기를 발전시켜 가는 탁월한 기업과 그렇지 못한 기업의 차이는 시계를 만드는 사람(clock-builder)과 시간을 알려주는 사람(time-teller)의 차이라는 것입니다.

이 책을 위한 연구를 하기 전만 해도, 짐 콜린스는 한 기업이나 단체의 흥망성쇠는 한 사람의 걸출한 카리스마적 리더에 달려 있다고 믿었다고 합니다. 그러나 실제 기업들의 역사를 놓고 6년 동안 케이스 스터디를 하면서 내린 결론은, 놀랍게도 지나치게 개성이 강하고 자기주장과 생각이 강한 카리스마적 지도자는 장기적으로는 그 기업의 지속적인 발전을 오히려 저하시킨다는 사실이었습니다.

그 예로서 짐 콜린스는 1920년대 말에 시카고 근교에서 비슷한 규모로 비슷한 아이템(TV와 라디오 제작)을 주종으로 해서 시작한 두 회사 제니스와 모토로라를 비교했습니다.

제니스사의 창업주는 유진 맥도날드(Eugene McDonald)란 사람이었는데 별명이 '사령관(commander)'이었습니다. 별명만 들어도 짐작하겠지만 그는 머리가 비상해서 아이디어가 컴퓨터처럼 흘러 나왔고, 성미가 급하고 추진력이 강하여 직원들을 자신이 원하는 방향으로 폭풍처럼 몰아가는 스타일이었습니다.

이에 비해 모토로라의 창업주인 폴 갤빈(Paul Galvin)은 엔지니어 출신이 아니면서도 탁월한 엔지니어들을 모아서 이때까지 존재했던 첨단기계 회사들 중에서 가장 탁월한 회사 중에 하나를 세웠습니다. 그는 매니저들에게 주도적으로 일을 처리해 나갈 수 있도록 파격적인 재량권을 주었고, 매니저 회의에서는 찬반 의견들을 활발하게 개진하는 것을 좋아했습니다. 그는 스스로 탁월한 공학 발명가는 아니었지만 사람들을 세워주는 재능이 탁월했습니다.

그의 아들로써 회사를 맡은 로버트 갤빈은 이렇게 회고했습니다.

"나의 아버지는 경영자들은 어떻게 해서든 사람들을 끌어안아야 하고, 그들이 창의적인 리더십을 발휘할 수 있는 장르를 만들어줘야 한다고 가르치셨다."

처음엔 두 회사 다 엇비슷하게 가다가 1950년대 말, 18개월 사이로 폴 갤빈과 유진 맥도날드가 세상을 떠난 뒤 다음 세대로 리더십이 옮겨가면서 판이하게 다른 길을 걸어가게 됩니다. 오늘날 모토로라는 비퍼와 핸드폰을 비롯 각종 최첨단 통신장비를 생산하는 세계 최일류 기업으로 발돋움한데 비해서, 제니스는 몇 번씩 경영 적자를 겪으면서 아직까지도 TV와 라디오만 만들면서 간신히 현상 유지나 하는 기업이 되었습니다.

처음엔 비슷한 규모로 시작한 이 두 회사가 왜 이렇게 다른 길을 걷게 되었을까요? 제니스사의 창업주인 유진 맥도날드는 군사사령관 같은 강한 카리스마로 모든 결정을 자기가 다 내렸으며, 자기가 없이는 버틸 수 없는 회사로 제니스를 끌고 갔기 때문에, 그가 사라지던 때부터 회사가 휘청거릴 수밖에 없었습니다. 그는 자기가 없는 제니스사를 준비하지 않았던, 다시 말해서 시간을 알려주는 사람(time-teller)일 뿐이었던 것입니다.

이에 비해 모토로라의 폴 갤빈은 자신의 재주는 그리 탁월하지 않았지만 다른 이들의 리더십을 키워주고 세워주는 일을 함으로써 자신이 없어도 더 발전해 나갈 수 있는 회사의 터를 닦았던 것입니다. 그야말로 바로 시계를 만드는 사람(clock builder)이었던 것입니다.

냉엄한 기업 현장에선 이익이 최우선이라고들 생각합니다. 그러나 장기적인 안목에서 볼 때 절대 그렇지 않습니다. 스티븐 코비는 내 것을 나눠주면 내가 더 가난해진다는 고갈의 개념(scarcity mentality)을 버리고, 어렵고 힘들더라도 자꾸 남과 나누려 하면 후에는 나도 더욱 부유해진다는 풍성의 개념(abundance mentality)을 가져야 한다고 말합니다.

삭막한 비즈니스계에서 이것은 지나치게 이상적이라고 생각하십니까? 그렇다면 저는 당신에게 머크(Merck)라는 미국의 유명한 제약회사의 스토리를 들려주고 싶습니다. 이 회사의 기업 운영 철학 1항은 "병을 퇴치하고 인류를 돕는데 최우선 순위를 둔다" 였습니다. 그런데 항상 이상과 현실은 맞아떨어지기 힘든 경우가 많습니다.

2차 세계대전 직후 패전국 일본에 만연한 결핵을 퇴치하는 치료약 '스트렙토마이신'을 머크 연구팀이 개발, 엄청난 양의 제품을 생산해 냈습니다. 그런데 수요도 폭발적이었고 공급도 얼마든지 할 수 있었지만, 문제는 소비자들인 일본 국민들은 전쟁 직후라서 돈이 한 푼도 없었다는 사실입니다. 당황한 머크사는 미국 정부나 국제 적십자사 등 공공기관들이 헐값으로라도 약값을 지불해 줄 수 없을까 하고 알아봤지만 모두 오리발을 내밀었습니다.

머크의 경영진은 고심을 거듭했습니다. 그러다 마침내 도달한 결론은 "우리가 돈 버는 것보다 먼저 인류의 병을 퇴치하는 것이 우선한다는 사훈(社訓)을 걸어놓고, 이 약을 필요로 하는 사람들이 지금 돈이 없다고 해서 공급하지 않는다는 것은 위선이고 죄악이다"라는 것이었습니다.

그래서 그 엄청난 양의 약을 무상으로 일본인들에게 기부해 버렸습니다. 물론 그 당시 머크는 이 일로 해서 엄청난 손해를 감수해야 했습니다. 그러나 오늘날 일본에 있는 가장 큰 미국 제약회사는 다름 아닌 머크입니다. 일본인들은 자기들이 아주 어려운 상황에 있었을 때 우리가 베푼 은혜를 결코 잊지 않았던 것이지요. "거저 받았으니 거저 주라. 그리하면 너의 곳간이 다시 풍성하게 채워질 것이다"라던 예수의 말을 생각나게 합니다.

❶ 더 높은 비상을 위해 날개를 접어라.
❷ 무엇을 읽느냐가 생각을 결정한다.
❸ 교만하면 망한다.
❹ 위기를 돌파하는 리더는 일꾼이자 전사가 된다.
❺ 최우선 순위에 집중하라.
❻ 휴식과 축제를 소홀히 하지 말라.
❼ 열정으로 현장에 뛰어들어라.
❽ 패배를 패배시켜라.
❾ 도전적이고 명확한 비전과 목표를 만들어라.
❿ 사람을 살리고 변화시키는 일은 리더의 엄청난 특권이다.

부록 ①

누가 명강사가 되는가

누가 명강사가 되는가

예전에 나를 알던 사람들은 요즘 내가 펀 교육강사인 동시에 펀 리더십 센터 소장을 하고 있다고 하면 깜짝 놀란다. 그러면서 어김없이 이렇게 묻는다. "아니, 평소에 잘 웃지도 않던 사람이 'fun' 강의를 한다고?" 그러다가도 나와 30여 분 대화를 하고 나면 그런 의구심을 싹 거둔다. 그때의 내가 아니라는 걸 금방 알게 되기 때문이다.

나는 원래 금융기관에서 일을 했다. 그 분야에서 10년 정도 있다 보니 금융업무의 특성상 하루 종일 무표정하게 지내는 날이 대부분이었다. 점점 나와 맞지 않다는 생각을 하게 되었다. 그러다가 우연한 기회에 교육 파트로 옮기게 되었다. 그런데 주어진 업무 내에서 반복된 일을 하는 금융업무와 달리 매우 창의적이고 역동적이란 점에 매료되기 시작했다.

그래서 내 일을 더 잘하기 위해서 유명한 강의들을 하나씩 들어보기로 마음먹었다. 강의를 듣다 보니 내 자신이 변화하는 걸 실감하면서 더 많이 듣고 싶은 열망이 생겨났다. 많은 강의들은 그냥 참석만 하면 되었지만 어떤 강의들은 적지 않은 수강료를 내어야 들을 수 있었다.

그럼에도 좋은 교육이라면 주저 없이 그 대가를 지불했다. 강의 프로그램에 참여해 교육을 받으면 받을수록 통장 잔고는 줄어들었지만, 한편으론 내 영혼과 정신의 통장엔 점점 잔고가 늘어나는 것과 같은 기쁨이 생겼다. 그걸 알고 있는 지인이 언젠가 교육비로 지출한 돈이 얼마나 되느냐고 물은 적이 있다. "아마 아파트 한 채쯤?"이라고 대답했었는데 결코 과장이 아니다.

우리나라에서 열리는 무료, 유료의 대부분의 강의를 다 들어보았다고 자부할 수 있다. 강의 주제와 강사명을 일일이 댈 수도 없을 정도이다. 그중에서 대표적인 내용을 적어보면 다음과 같다.

- **리더십분야** : LMI 리더십, 카네기 리더십, 피닉스 리더십, 존 맥스웰 리더십, 크리스토퍼 리더십 7-HABITS, PPL 리더십, 퀀텀 석세스
- **코칭** : 인코칭 1, 2단계, CMOE 코칭, NLP 코칭, NLP 프렉티셔너 과정
- **심리** : 에니어그램, TA 교류분석, DISC, MBTI, LCSI
- **기타** : 춤 세러피, 드라마 세러피, 롤 플레잉, 음악 치료, 웃음 치료, 레크리에이션, 유머 코칭, 팀 빌딩
- **영성분야** : 다일공동체 영성수련 1, 2단계, 치유상담연구원 내면치유 1, 2, 3단계, 하비람 1, 2, 3단계, 동사섭수련, 원불교 마음수련, TDS 수련

이 외에도 웃음교육기관에서 주관하는 강의도 대부분 섭렵하였다. 그러면서 점점 내 안에서 무언가 새로운 욕구가 발동하고 있음을 알았다. 나도 강의를 하고 싶다는 열망, 사람들에게 울림을 줄 수 있는 강사가 되고 싶다는 열망이었다.

그 즈음 지인들의 소개로 강의를 하기 시작했고 얼마 후엔 이런 경력들이 재산이 되어 중앙일보에서 단일센터를 개설해서 국내 유명 웃음 전문가들을 초빙해 이루어지는 유머와 웃음 아카데미를 진행할 수 있는 '조인스 펀 아카데미' 소장을 맡았다. 그리고 지금은 '한경아카데미 펀 리더십 센터'를 책임지고 있다.

그동안 들은 수많은 강의를 통해서 수많은 강사들을 만났지만 이곳에서 이루어지는 유머, 웃음, 레크리에이션, 리더십, 감성리더십, 눈물, 음악, 춤 세러피 등 각 분야 한국 최고의 전문가들만 엄선한 교육 프로그램을 통해서도 훌륭한 강사들을 만날 수 있었다. 이러한 경험은 나에게 최고의 재산이 되었다. 어떤 교육이 좋고 어떤 강사가 강의를 잘하는지 누구보다도 더 잘 알게 되었기 때문이다.

물론 나는 아직까진 인기강사도 아니고 명강사도 아니다. 하지만 열심히 하다 보면 청중들의 사랑과 지지를 받을 날이 머지않아 올 거라는 믿음을 가지고 있다. 우리나라엔 현재 수많은 주제의 강연들이 정부기관이나 단체, 기업체, 교육기관, TV 등의 방송 프로그램 등에서 개최되고 있다. 이 말은 곧 그만큼 이 분야에서 일하는 강사들이 많다는 말이 된다.

이들은 하나의 전문분야에서 오랜 연륜과 경험을 쌓은 노하우를 가지

고 자신만의 강의 스타일로 인기와 명성을 얻기도 한다. 그래서 성공학 강의는 누구, 이미지 메이킹 강의는 누구, 리더십 강의는 누구 하는 식의 강사 브랜드를 갖게 된다. 이런 사람들은 한 분야의 유능한 강의 전문가인 동시에 대중적 인기도 한 몸에 받고 있기 때문에 흔히 스타강사라고 부른다.

인기강사와 명강사의 요건은 조금 다르다. 인기강사는 강사가 가진 비주얼 혹은 트렌드 때문에 잠깐 스타성을 발휘하지만 생명력은 길지 않다. 그렇지만 명강사는 인기에 연연하지 않는다는 품위를 유지하면서도 시대의 조류를 리드해 가는 영향력을 가진다. 무엇보다도 강의 내용이 좋아서 어느 계층의 반감도 불러오지 않는다.

그런 점에서 내가 이 책에서 언급하는 '명강사'란 인기강사와는 좀 다르다고 할 수 있다. 물론 명강사이면서 인기강사일 수도 있지만, 내가 이 책에서 말하는 훌륭한 강사란 단지 인기만 있는 강사가 아닌, 좋은 강의안을 가지고 있는 강사를 지칭한다.

어떤 사람이 명강사가 되는가를 따지기 전에 가장 먼저 짚고 넘어가야 하는 물음이 있다. 사람들은 어떤 과정을 통해서 전문강사가 되는가이다. 물론 수많은 케이스가 있겠지만 대표적인 몇 과정만 소개해 보겠다.

⚽ START : 강사가 되는 다양한 시작들

1. 강사양성 교육기관

우리나라엔 현재 많은 강사양성 교육기관이 있다. 짧게는 몇 개월에서 길게는 일 년 이상의 기간 동안 강사가 갖춰야 할 교육을 한다. 대부분 한 분야의 전문강사가 개설한 교육과정이기 때문에 강사가 되려는 사람들은 그 안에서 강의의 스킬까지 함께 교육받는다.

가령 나처럼 fun'을 주요 주제로 삼는 펀 전문가는 그에 관한 교육 프로그램을 만들어 강사 지망생을 뽑는다. 그러니까 자신이 이미지 메이킹 강사가 되고 싶은 사람은 그 분야 전문가가 개설한 교육 프로그램을 수강하면 된다.

강사양성 교육기관의 장점은 기존의 탁월한 전문가를 통하여 그가 가진 스킬을 모두 교육받을 수 있으며 충분한 트레이닝을 거칠 수 있다는 것이다. 전문가들은 자신의 경험을 통해 축적한 정보들, 강사가 되기 위해 갖춰야 할 덕목과 금기사항에 관해서도 사소한 부분까지 일일이 전수해 줌으로써 강사지망생들이 강사가 되었을 때 겪을 수 있는 시행착오들을 최대한으로 줄여 준다.

그러나 전문적인 교육을 받을 수 있는 만큼 역시 시간과 적지 않은 수강료를 지불해야 한다는 부담이 있다. 하지만 자신의 직업을 만들어가는 과정에서 이런 대가를 치러야 한다는 건 당연한 일이 아닐까 생각한다.

2. 지인의 추천

이런 경우는 중간에 있는 사람이 강사로 추천하고 싶은 사람에게 갖고 있는 '소질'에 대한 믿음이 강력할 때이다. 강사 컨설턴트 혹은 강연 기획자에게 검증되지 않은 강사를 소개할 때 단지 친하다는 이유만으로는 할 수 없기 때문이다. 따라서 지인의 추천을 통해 강사로 서게 되는 사람은 어떤 식으로든 강의를 잘할 수 있을 거라는 지인의 지지를 받을 만큼 유사한 실력을 인정받은 사람이라고 할 수 있다.

우연히 한 행사에서 마이크를 잡게 되었는데 독특한 발상과 이야기로 의외의 호평을 받았을 때, 혹은 어떤 이유에서든지 강의를 시키면 매우 잘해내고 말 거라는 믿음을 주었을 때 지인은 그 사람을 강사로 추천하게 되는 것이다. 우리 사회는 여전히 인맥을 중심으로 많은 일들이 도모되고 있다.

3. 출판물의 후광 효과

서점에는 하루에만 해도 수백 종의 신간들이 쏟아져 나오고 일 년을 따지면 어마어마한 책들이 나왔다가 사라진다. 그 중에서 사람들 입에 오르내리는 책은 지극히 일부이다. 그런데 자기계발서나 성공학, 처세술 관련한 책들은 베스트셀러가 되면서 저자들에게 포커스가 맞춰지기도 한다. 신문이나 잡지 등에 인터뷰 기사가 실리기도 하고 방송 출연도 하게 된다. 만약에 그 저자가 방송 출연을 했는데 말하는 솜씨까지 좋았다면 자연스럽게 강연기획자들의 리스트에 오르게 된다.

자기 책을 가진 사람, 나아가 그 책이 독자들에게 좋은 평을 받았다면 그 사람은 강연을 요청받을 기회가 그만큼 많아진다. 거기에다 강의까지 잘한다면 그는 이제 "베스트셀러 OOO 책을 쓰신 저자 OOO 씨입니다" 하는 소개와 함께 전국 각처로부터 강연을 요청받게 될 것이다. 현재 우리나라에서 인기강사로 활동하고 있는 분들 가운데 자신들의 저서가 부각되면서 강연을 하게 된 경우가 상당히 많다.

4. 전문성의 인정

강의업계에서 전문성은 최우선의 기준이다. 비싼 강의료를 지불하면서까지 비전문가를 불러다 이야기를 들을 필요가 없기 때문이다. 강연기획자는 일단 강의 주제가 정해지면 그 분야 전문가의 리스트를 뽑아본다. 전문성은 경력과 연수, 객관적으로 검증할 수 있는 업적이나 출판물, 평판, 강의안 등을 중심으로 판단한다. 자신이 몸담고 있는 대학에서의 교양강의로 유명해져서 강연기획자들을 통해 명강사로 활동하는 분도 있다. 강연기획자들은 청중들에게 식상하지 않은 강연을 들려주기 위해 늘 새로운 기획을 구상하고 새로운 인물을 찾고 있다.

5. 특별한 이슈의 발단

수년 전에 '번개강사'라고 불리던 강사가 있었다. 그는 한 대학가의 중국집에서 배달을 하던 사람인데 번개처럼 빠르기도 하지만 서비스에 대한 철학과 발상이 독특했기 때문에 그 대학에서 유명인사가 된 계기로 강사가 된 경우이다. 처음엔 배달 일을 하는 짬짬이 강의 요청을 받으면 잠깐씩 시간을 냈지만 강연과 방송 출연 요청이 빈번해지면서 한동안 그는 전문강사로 활동한 적이 있다.

한때 TV 드라마에서 식모 역할을 도맡아 했던 연기자 전원주 씨는 자신의 외모 콤플렉스와 방송국 내의 외모 지상주의를 극복하고 밝은 캐릭터를 유지하면서 근검절약을 실천하여 많은 돈을 모은 이야기로 한때 전국민적 심금을 울린 적이 있었다. 그런데 최근 수년 동안 전원주 씨의 스케줄의 상당부분은 전국에서 요청하는 강연으로 이루어지고 있다.

오토바이 사고로 하반신 마비가 된 가수 강원래 씨도 많은 곳을 다니면서 그의 경험에서 온 교훈을 강의에서 소개하고 있다. 사고가 나기 전의 강원래 씨보다 사고 후의 강원래 씨가 훨씬 더 의미 있는 교훈과 메시지를 줄 수 있기 때문에 강연 요청이 끊이지 않는 것이다.

이처럼 강사의 특별한 인생이나 경험은 이슈로서의 강연과 함께 평범하지 않은 메시지를 청중들에게 준다는 점에서 강연기획자들이 선호한다.

모든 강사들이 '시작은 미미하나 끝은 창대해지는' 것은 아니다. 강의업계는 냉정하고 혹독하다. 대학의 교수나 강사직은 한 학기 혹은 일 년이라는 정해진 기간 안에서 유연하게 평가가 이루어지지만 강의업계는 '단 한 번' 혹은 '한두 번'의 기회로 실력을 평가받는다. 그래서 몇 번의 강연에서 인정을 받지 못하게 되면 자리잡기가 어렵다.

강연기획자들은 서로 강사에 대한 정보를 공유하기도 하고, 더욱이 청중들은 자신이 들은 강의의 강사에 대해 실시간으로 인터넷 또는 핸드폰으로 손쉽게 의견을 전한다.

A의 강의를 300명이 들었을 때, 그 300명이 강의가 끝난 후 자신들의 블로그나 미니홈피에 "아무개 강의 쩐다! 지겨워서 죽는 줄 알았삼" 하는 글이라도 올리게 되면 그들의 이웃이나 일촌들이 한 사람에게 3명씩만 다녀가도 금방 900여 명이 그 강사에 대한 편견을 갖게 된다.

강사가 되는 일도 쉽지 않지만 강사로 자리를 잡는 일, 특히 좋은 강사란 평판을 얻는 일은 그만큼 어렵다. 처음에 강사 의뢰를 받기 시작했다고 온 동네 소문내며 좋아할 일만은 아니다. 첫 단추를 잘못 끼우는 일은 비일비재하다. 첫 강의가 마지막 강의가 되는 일도 얼마든지 있을 수 있다. 강의 실패의 이유는 셀 수 없이 많지만 가장 흔하게 일어나는, 강사들이 저지르는 실패의 추억들은 이렇게 온다.

✿ FAIL : 강의 혹은 강사를 실패하게 하는 것들

1. 강의 미숙과 준비 결여

단발성 강의에서 미숙함을 보이거나 실수를 하게 되면 그 강사는 그게 실력이 될 수밖에 없다. '다음엔 꼭' 이라든가 '한 번 더' 는 그 자리 그 사람들에게 통하지 않는다.

이런 점을 고려하지 않고 아직 준비가 되지 않았는데도 불구하고 강의를 하고 싶다는 욕심만 앞서서 들어오는 강의를 거절하지 못한다. 심지어 여기저기 강의 구걸을 한다. 설익은 밥솥 뚜껑을 열고 숟가락부터 들이밀고 보는 것이다. 물론 그렇게 해서 스타트는 할 수 있다. 하지만 청중들은 인내심이 많지 않다. 왜냐하면 그들은 바쁜 시간을 쪼개어 그 자리에 앉아 있는 만큼 서툴고 버벅거리는 강의를 참고 들어 줄 하등의 이유가 없기 때문이다.

첫 강의의 실패는 자칫 그 강사로선 돌이킬 수 없는 치명타가 될 수 있다. 언제 강의를 시작할 것인가에 조급해 하지 마라. 오래 인정받고 싶으면 첫 단추를 잘 끼워야 한다.

2. 청중들과의 불협화음

강사는 청중들과 적당한 거리를 유지해야 한다. 청중들의 비위를 맞추기 위해 끌려다녀서도 안 되지만 청중을 무시해선 더 안 된다. 만만하게 대하지도 말고 어려워도 하지 마라고 나는 강사 지망자들에게 말한다.

가장 중요한 건 청중들에게 신뢰를 주는 것이다. 청중들이 강사한테 신뢰가 있어야 그의 강의를 귀담아듣는다.

그런데 아무리 강의 내용이 좋더라도 청중을 대하는 강사의 태도에 문제가 있다면 청중들은 강사를 외면한다. 만약에 청중으로부터 "저 인간 왜 저래?" "저 사람 너무 잘난 척하는 거 아니야?" "뭐야, 우리 무시하잖아?" 하는 말을 듣는 강사라면 그는 조용히 이 세계를 떠날 채비를 하는 게 좋다. 청중들로부터 인정받지 못하는 강사는 아무도 불러주지 않기 때문이다.

3. 강연기획자들과의 불협화음

A라는 강연기획자가 한 유명한 성공학 강사 B를 섭외하는 과정에서 그로부터 "나는 강사료를 시간당 얼마는 주어야 합니다. 그 이하로는 절대로 가지 않습니다. 그리고 최근에 나온 내 책을 청중들이 한 권씩 모두 구매해야 합니다." 하는 말을 들었다. A는 그의 요구가 부당하다는 생각에 다른 사람에게 강의를 요청하였다.

그런데 A는 아무리 생각해도 B의 태도가 괘씸했다. '자기가 요즘 아무리 잘나가도 그렇지 책을 강매까지 하는 게 말이나 돼? 게다가 얼마 이하로는 절대 안 된다니. 평소 강의는 아무리 잘난 사람도 인격이 먼저 갖추어져야 한다고 그러더니 말만 번지르르 했군.'

A는 그 일을 자연스럽게 자기가 알고 있던 강연기획자들에게 전하기 시작했고, 얼마 안 가 B는 "위선적이다" "돈밖에 모르는 안하무인이다"

"책을 안 사주면 강의를 보이콧한다" 하는 악평에 시달리게 되었다.

강연을 자주 다니는 어느 여성 연기자는 강사료에서 자신이 물어야 할 법적 수수료가 아깝다면서 강연기획자들에게 물리는 일이 잦아지면서 강연기획자들 사이에서 평판이 좋지 않다. "자기 돈 아껴서 저축왕 되는 것은 좋지만 자기가 내야 하는 수수료까지 남한테 물리는 심보는 뭐람?" 그렇게 말하면서 그 사람을 대신할 다른 강사를 찾게 된다.

강연기획자들도 인간이다. 훌륭한 강사를 청중 앞에 세우는 것도 중요하지만 강사들과의 접촉에서 인격적인 실망을 하게 되고 그것이 반복되면 그들은 섭외 대상을 바꾼다. 강연기획자들을 단지 업무 대리자로만 보고 함부로 대했다가는 그들에 의해서 매장당할 수도 있음을 유념해야 한다.

4. 문제 있는 사생활

강사들은 한 번에 수십, 수백 명을 상대로 자신을 드러내고 강의를 하는 사람들이다. 그 시간만큼은 모든 것이 노출된다. 강사는 그 날 본 자신의 청중들을 일일이 기억할 순 없지만 청중들은 강사가 말한 대부분을 기억한다. 강사가 강연 중에 "내 아내는 한 번도 머리를 기른 적이 없어요. 그래서 저는 그게 늘 불만입니다"라고 했는데 다음 날 긴 머리의 여자와 다정하게 지나가는 걸 한 청중이 보았다면 그는 분명 이런 의문을 갖게 될 것이다.

"보통 사이가 아닌 것 같은데 저 여자는 누구지?"

그런 점에서 강사들은 사생활을 잘 관리할 필요가 있다. 주부들에게 인기가 많았던 한 유명 여성 강사가 최근에 한 남자와 법적 소송에 휘말려 화제가 된 적이 있다. 그런데 그 남자와 불륜관계였다는 사실이 알려지면서 여성 강사는 강의가 끊어지고 말았다. '행복한 가정'을 부르짖어서 주부들에게 점수를 땄지만 이젠 '불륜'의 낙인이 찍히면서 주부들한테 비난을 받게 되었기 때문이다.

지금은 인터넷 시대라 강사에게 안 좋은 소문이 생기면 순식간에 퍼져 나간다. 강연 장소가 아닌 곳에서도 늘 모범적인 언행을 함으로써 자신의 이미지를 훼손하는 일이 없도록 해야 한다.

5. 뒤떨어진 강의안 혹은 태만

모 기업에서 실제 있었던 일이다. 직원들을 대상으로 이미지 메이킹 전문가한테 강의를 의뢰하였고 대상을 말단직원들, 중간관리자들, 중견 간부들 이렇게 세 계층으로 나누어 거기에 맞는 맞춤강의를 해달라고 했다. 그런데 어떻게 된 게 대상이 다른 세 강의가 모두 토씨 하나 틀리지 않고 같았다.

세 강의를 맨 뒤에 앉아서 모두 다 듣고 난 고위관리자가 강연기획자에게 이렇게 물었다고 한다. "저 사람 저거 뭐야?" 당연히 강연기획자는 땀을 뻘뻘 흘리며 질책 당하였다.

더욱 놀라운 사실은 그 강의안은 이미 강연기획자가 7년 전에 다른 곳에서 이미 들었던 강의란 것이다. 그러니까 이 강사는 7년 전 강의안을

가지고 그대로 강의하는 것은 물론이고 대상에 따라 내용을 조금씩 바꿔
보려는 노력조차 하지 않았던 것이다.

어떤 강사는 강의안 틀을 만들어놓으면 5년 이상 심지어 10년씩 사골
우려먹듯이 한다. 그러다 보니 청중들은 똑같은 강사의 똑같은 강의를
들어야 할 때도 있다. 아무리 재미있는 개그도 한 번 보게 되면 재미가 반
감되는데 강의는 말할 것도 없다. 낡은 강의안은 청중을 실망시키는 데
그치지 않고 그 강사를 낡은 강사로 만들어버리게 된다.

6. 지나친 벤치마킹

세상에 완전하게 새로운 것은 없다는 말이 있다. 다 무엇인가에서 재
구성되고 재발견되었을 뿐이라는 것이다. 강의도 마찬가지이다. 세상에
나와 있는 지식과 정보를 강사의 관점에서 재구성하고 재창조되어지는
것이다.

많은 강사들은 강의 중에 인용을 많이 한다. 누가 했다는 말, 어느 책
에서 읽었다는 글귀, 어느 방송이나 어느 영화에서 본 장면 등등 강의 주
제를 부각시키기 위해서 그들은 다양한 비유와 인용을 활용한다. 그리고
유명한 강사들의 강의 기법과 강의 내용을 벤치마킹하기도 한다.

그런데 어떤 강사들은 자신의 목소리를 내지 못하고 순전히 다른 사람
들의 강의만을 짜깁기해서 하나의 강의를 완성하기도 한다. 훌륭한 강의
안은 지적 재산권에 해당한다는 걸 모르기 때문이다. 다른 사람의 강의
안 혹은 그 사람만의 강의 콘셉트를 그대로 가져와 내 것처럼 하는 것은

결국 인정받지 못한다. 다른 사람의 아이디어를 인용하는 것과 훔쳐오는 것은 분명 다르다.

냉정하게 따져서 우리나라에서 명강사라고 불리는 사람은 그리 많지 않다. 그 많은 강사들 중에서 왜 명강사는 많지 않은가? 그렇다면 누가 명강사가 되는가? 왜 같은 주제를 가지고 강의를 하는데도 어떤 사람은 명강사 소리를 들으면서 강의 요청이 쇄도하는가 하면, 어떤 사람은 한 달에 한 번도 강의 의뢰가 오지 않는 걸까?

답은 간단하다. 명강사들에겐 분명 명강사로 불릴 수밖에 없는 이유를 가지고 있다는 것이다. 사실 이 점을 잘 모르는 사람들은 자신이 인정을 받지 못하는 이유가 운이 없기 때문이라거나, 알려질 기회를 갖지 못해서라고 불평할 수도 있다. 그러나 명강사들에겐 그들에게 공통적으로 발견되는 요소들이 있다.

명강사의 요건을 언급하기 이전에 훌륭한 교수법을 먼저 짚고 가는 게 순서일 수 있겠다. 뉴욕대 최고 교수법 연구소 소장인 켄 베인 박사는 자신의 저서 《미국 최고의 교수들은 어떻게 가르치는가》에서 말하길, 최고의 교수들의 교수법 가운데도 가장 핵심적인 공통점은 인간의 학습 자체를 이해하는 능력이라고 했다.

켄 베인 박사는 최고의 교수를 구분하는 다음의 6가지 물음을 통하여 훌륭한 교수법에 대하여 말하고 있다.

⚽ 최고의 교수법에 대한 켄 베인 박사의 6가지 물음

1. 최고의 교수들은 어떻게 가르치는가

● 매리 앤 홉킨스 교수(뉴욕 의대 외과수술 교육과)

"저는 수업시 특정한 그룹의 학생들과 상호작용하는 것을 중시합니다. 학생들이 이 수업을 어떻게 따라오고 이해하는지에 따라서 제 수업내용이 그때그때 결정됩니다. 수업을 할 때는 학생이 어느 수준인지에 대한 이해가 필요합니다. 왜냐하면 수업의 이해도가 개인마다 다르고 가르침을 원하는 정도도 모두 다르기 때문입니다."

● 자넷 노던 교수(벤더빌트 의대 세포생물학과)

"저는 학생들에게 어떤 지식들을 알려주면 좋을지 또 어떤 방법이 좋을지 생각합니다. 그러니까 제가 생각하는 것은 제 수업에서 학생들을 어떻게 함께 참여시키는지에 관한 것이죠."

● 앤 우드워드 교수(노스웨스턴대학 연극학과)

"교사로서의 두 가지 주요 목표는 어떻게 학생들의 인생의 경험을 발전시키는가 하는 것과 인류를 향한 관심이었죠. 제가 하는 모든 일은 학생들의 마음을 세계를 향해 열어주는 것이었습니다. 세상에는 수많은 종류의 사람이 있고 다양한 종류의 장소와 문화가 있습니다. 그래서 저는 이런 친숙하지 않은 것들을 학생들이 꾸준히 배울 수 있도록 합니다."

2. 최고의 교수들은 어떻게 강의를 준비하는가

- 학생들과 상호작용하는 것을 중요하게 생각한다. 학생의 수준에 대한 이해가 절대적으로 필요하기 때문이다.
- 흥미를 갖고 이해할 수 있도록 강의를 준비한다. 따라서 어떤 학생이 자신의 수업에 들어올지 생각해 봐야 한다.
- 수업에 학생들을 참여시킨다.

3. 최고의 교수들은 학생들에게 무엇을 기대하는가

- 학생들 개인의 지적 발전이다. 적어도 수업에서 던진 질문에 관해 학생들이 좀 더 심오한 대화에 참여하기를 기대한다. 대화에 참여하고 사고하는 것을 기대한다.
- 학생들이 수동적인 자세를 취하지 않고 비판적으로 생각할 수 있도록 도와준다. 그 중 하나가 수업을 토론으로 진행하는 것이다.
- 세계와 사회와 사람을 보는 열린 시각을 심어주려고 한다.

4. 최고의 교수들은 어떤 방법으로 수업을 진행하는가

- 학생들에게 과목에 대한 흥미를 느끼고 배우고 싶게 만들도록 동기를 부여한다.
- 수업의 주제를 최근 시사나 학생들의 관심사와 연결시킨다. 그러면 학생들은 더욱 공부에 열의를 보인다. 학생들의 관심은 시간이 지나면서 그 관심을 이론과 연관지어 보려는 노력을 하게 된다.

• 학생들의 입장에서 무엇이 신선한 관심거리인지 알려고 노력한다.

5. 최고의 교수들은 학생을 어떻게 대하는가

• 진흙 속에서 진주를 캐내려고 애쓰며 학생들의 잠재력을 이끌어내 꽃피우게 한다.

• 학생들이 열심히 하면 무엇이든 더 나은 결과를 가질 수 있다고 믿는다. 그에 반해 기존의 교수들은 그저 지능에 관해 생각한다.

• 최고의 교수는 학생들 모두가 재능과 잠재력이 있다고 여긴다.

• 100명이 넘는 학생들을 가르쳐도 단 한 명과 수업하는 것처럼 느끼게 한다.

6. 최고의 교수들은 어떤 방법으로 학생들과 자신을 평가하는가

• 시험을 단지 등급을 매기는 것으로 생각하지 않고 배움의 한 도구로서 사용한다.

• 교수와 학생이 효과적으로 대화하고 소통하였는지 확인할 수 있는 도구로 생각한다.

이와 같은 켄 베인 박사의 연구결과로 미루어 볼 때 훌륭한 교수법에서 상당 부분이 훌륭한 강의법으로서 강사들이 배워야 할 자세라고 생각한다. 그런 차원에서 다음과 같은 물음들을 유추해 볼 수 있겠다.

⚽ 켄 베인 박사의 '최고의 교수법'에서 유추해 볼 수 있는 '최고의 강의법'을 위한 물음들

"저는 수업시 특정한 그룹의 학생들과 상호작용하는 것을 중시합니다. 학생들이 이 수업을 어떻게 따라오고 이해하는지에 따라서 제 수업 내용이 그때그때 결정됩니다."

> 물음 : 당신은 청중과 상호작용하는 것을 중요하게 생각하는 강사인가?

"저는 학생들에게 어떤 지식들을 알려주면 좋을지 또 어떤 방법이 좋을지 생각합니다. 그러니까 제가 생각하는 것은 제 수업에서 학생들을 어떻게 함께 참여시키는지에 관한 것이죠."

> 물음 : 당신은 청중에게 무엇을 줄지 충분히 고민하는가? 당신 강의에 어떻게 청중을 참여시킬지에 대해 고민하고 있는가?

"교사로서의 두 가지 주요 목표는 어떻게 학생들의 인생의 경험을 발전시키는가 하는 것과 인류를 향한 관심이었죠. 제가 하는 모든 일은 학생들의 마음을 세계를 향해 열어주는 것이었습니다."

> 물음 : 당신은 청중에게 인생의 경험을 발전시켜 주기 위한 노력을 하는가? 그들이 세계를 이해하고 삶을 성찰할 수 있도록 도와주는 강사인가?

“흥미를 갖고 이해할 수 있도록 강의를 준비한다. 따라서 어떤 학생이 내 수업에 들어올지 생각해 봐야 한다.”

🎤 물음 : 당신은 재미있는 강의안을 만들려고 노력하는가? 당신이 강의해야 할 청중의 특성에 대해 사전에 충분히 파악하고 강연장에 들어가는가?

“학생들이 수동적인 자세를 취하지 않고 비판적으로 생각할 수 있도록 도와준다. 세계와 사회와 사람을 보는 열린 시각을 심어주려고 한다.”

🎤 물음 : 당신 강의를 청중들이 무조건 받아들이게 하는 대신 비판적으로 생각할 수 있도록 도와주는가? 세상에 대해 열린 시각을 갖고 바라볼 수 있도록 제시해주는 사람인가?

“학생들에게 과목에 대한 흥미를 느끼고 배우고 싶게 만들도록 동기를 부여한다.”

🎤 물음 : 내가 하는 강의에 청중이 관심을 갖고 변화하도록 충분히 동기 부여를 하고 있는가?

“학생들의 입장에서 무엇이 신선한 관심거리인지 알려고 노력한다.”

🎤 물음 : 청중에 따라 어떤 것이 현재 화제의 중심에 있는지 알려고 노력하고 있는가?

"최고의 교수는 학생들 모두가 재능과 잠재력이 있다고 여긴다."

👤물음 : 청중들에게 희망을 주고 비전을 주는 강의를 하고 있는가?

"100명이 넘는 학생들을 가르쳐도 단 한 명과 수업하는 것처럼 느끼게 한다."

👤물음 : 많은 청중을 대상으로 강의를 하지만 단 한 명을 앞에 놓고 있는 것처럼 감흥을 주고 있는가?

최고의 강의, 최고의 강사가 되는 건 이 외에도 많은 물음을 거쳐야 한다. 일단 강사가 되기 전에 이런 물음들에 대해 충분히 생각해 보아야 한다. 그리고 이 중 어느 하나에라도 선뜻 답할 수 없다면 강사가 되는 타이밍을 늦춰야 한다.

⚙ READY : 강사가 되기 전에 스스로 묻고 답해야 하는 물음들

I. 나의 적성에 맞는 일인가

강사는 많은 사람들 앞에 자신을 세워 놓는 일이다. 비가 오는 날 외출하면서 한 방울의 비도 맞지 않기를 바라선 안 되듯이 남 앞에 자기를 드러내는 것에 주저가 많은 사람이 강의를 업으로 삼아선 안 된다.

어떤 강사는 사람들과 사진 찍는 걸 유난히 싫어한다. 그래서 강의가 끝나고 난 뒤 사람들이 몰려 와서 사진을 찍자고 하면 이런저런 핑계를 대면서 자리를 피하지만 사람들 입장에선 거부당했다는 불쾌감이 생기기 마련이다. 강의를 하는 사람 입장에선 청중들과 사진을 찍어주는 것도 서비스의 일종으로 생각해야 한다.

내성적인 사람, 사람들과 잘 어울리지 못하는 사람, 많은 사람들의 눈이 자신에게 집중하는 것을 견디지 못하는 사람, 자신의 신상이나 프라이버시가 노출되는 것에 반감이 많은 사람 등은 강사를 하면 안 된다. 하는 사람도 지옥이고 듣는 사람도 지옥이기 때문이다.

2. 충분한 독서를 하였는가

강사의 언어는 다양해야 하고 표현력이 뛰어나야 한다. 같은 내용을 말하더라도 구사하는 어휘력과 묘사에 따라서 받아들이는 사람의 감흥은 크게 다르다. 어휘 구사력이 좋으면 좋을수록 자기가 전달하려는 메시지에 효과적으로 도달한다.

그런 점에서 독서량은 많을수록 좋다. 어설픈 정보와 지식을 가지고 사람들 앞에 나섰다가는 큰코다친다. 인터넷의 발달로 요즘 사람들은 웬만한 정보와 지식들을 다 접하고 있다. 그래서 섣부른 내용 가지고 강의안을 만들었다가는 "강사님, 제가 알고 있는 것과는 다른데요?" 하는 말을 듣거나 "쳇, 다 아는 내용을 가지고 혼자만 아는 것처럼 떠드네"라는 비웃음을 살 수 있다.

체계적이고도 방대한 독서는 강사의 성찰력과 지식을 깊고 넓게 해준다. 명강사들의 강의를 들어보거나 그들과 대화를 해보면 그들이 평소에 얼마나 많은 독서를 하는 사람들인지 알 수 있다. 그들은 많이 읽고 정확하게 알고 있는 사람들이다. 그래서 강의를 하면서 툭툭 튀어나오는 그들의 지식들은 청중으로 하여금 절로 존경심을 갖게 만든다.

3. 다른 사람의 강의를 많이 들었는가

좋은 강의를 듣는 것만큼 좋은 훈련은 없다. 유명한 강의를 찾아다니며 듣게 되면 좋은 강의에 대한 개념이 생긴다. 허점투성이의 강의라도 배우는 게 있다. 어느 부분에 문제가 있는지 어떻게 개선해야 할지에 대해 안목이 생기게 된다.

나는 사람들에게 자신의 강의를 시작하기 전에 다른 사람의 강의를 100번 이상은 들어보라고 권한다. 그리고 각각의 강의에 대한 나만의 분석일지, 가령 다음과 같은 식의 일지를 만들어 볼 것을 권한다.

- 강사명
- 주제
- 일시, 장소, 주관(혹은 주최측)
- 강의 요약
- 강의 특징 혹은 차별성
- 훌륭한 논점

- 비판적 소견

- 강의 주제와 사회적 변화와의 밀접성

- 내가 생각하는 보완점

- 이 주제와 연결해서 확장해 볼 수 있는 또 다른 주제들

4. 스피치와 발성

최지우와 권상우는 우리나라 대표 미남미녀 배우들이다. 그럼에도 불구하고 그들의 발음 때문에 연기력 논란에서 벗어나지 못하고 있다. 최지우는 "실땅님(실장님)" 하고, 권상우는 "덩서야(정서야)" 한다는 것이다. 그래도 두 사람은 뛰어난 외모 때문인지 여전히 최고의 인기를 누리고 있다.

발음이 정확해야 하는 건 강사 세계에선 생명줄 같은 것이다. 강사들은 스피치에서 카리스마를 갖지 못하면 상품성이 떨어진다. 아무리 베스트셀러를 여러 권 쓴 저자라도 강의를 할 때엔 봐주지 않는다.

무엇을 어떻게 전달하고 있느냐, 곧 스피치가 좋아야 한다. 스피치의 질을 좌우하는 건 발음과 태도, 표정 등이지만 무엇보다도 정확한 발음이 관건이다. 내용이 아무리 금과옥조 같으면 뭐하겠는가. 하고자 하는 말이 정확하게 전달되지 않으면 청중 입장에선 스트레스만 생긴다.

그런 점에서도 명강사들은 뛰어난 연설가들이다. 그들은 표준어를 구사하면서 정확한 어휘를 구사하고 있다. 그리고 발음 나아가 발성에 있어서도 나무랄 데 없는 정확성을 갖는다. 또한 간혹 혼동을 줄 수 있는 대

목이나 단어를 말할 때에는 그 차이까지 확실하게 짚고 가는 신중함을 보인다.

만약에 주변 사람들과 대화를 하면서 자주 "응? 뭐라고?" "방금 뭐라고 그랬어?" 하는 소리를 듣고 있다면 발음 훈련을 해야 한다. 좋은 강사란, 어떻게 말하는가 못지않게 분명하게 잘 전달하는 게 중요하기 때문이다.

5. 나에게 맞는 이미지 메이킹이 되었는가

강사는 일단 보여주는 직업이다. 청중의 수만큼 매번 다른 사람들 눈에 판단된다. 강사가 강의만 잘하면 된다고 생각하는 건 매우 위험한 오산이다. 강사의 겉모습은 청중에 대한 예의이자 배려이다.

강의를 시작하기 위해 강연장에 들어서는 순간부터 청중은 강사를 판단하고 이미지를 확정한다. 머리에서 발끝까지 자신에게 맞는 스타일을 갖고 있는 강사는 입을 열기 전부터 호감을 얻는다.

그러나 강의 콘셉트와 불일치하는 스타일을 가진 강사라면 청중들의 눈부터 어리둥절하게 할 것이다. 예를 들어 리더십 강사가 자극적인 원색 옷에 요란한 파마를 하고 나와서 진지한 내용의 강의를 하고 있다면 청중의 몰입을 끌어내기 어려울 것이다. 유머 강의를 하는 사람이 고리타분한 검은색 정장으로 나타난다면 보는 사람은 칙칙함부터 느낄 것이다.

이미지 메이킹은 내가 하려는 강의 콘셉트와 나를 조화시키는 일이다. 그럼으로써 청중들로부터 호감을 얻고 강의에도 시너지 효과를 끌어내는 것이다.

6. 나의 강의 콘셉트를 찾았는가

강사가 되겠다고 결심하는 것보다 중요한 건 무엇을 전문적으로 강의하는 강사가 될 것인가이다. 내가 좋아하는 강의분야, 잘할 수 있는 강의분야를 찾아내는 것이다. 경우에 따라서는 강사가 되기 전에 이미 그 사람이 가진 어떤 전문성 때문에 강의가 의뢰되기도 한다. 그럴 때엔 그것이 그 사람에게 대표 강의가 되기도 한다.

하지만 많은 사람들이 자신의 직업으로 강사란 분야를 선택해서 전문적인 트레이닝을 거치게 된다. 그런 과정에서 자신에게 적합한 콘셉트를 찾아내서 자기만의 강의안을 만들어야 한다. 이때에 즉흥적으로 선택하지 않아야 한다.

웃음에 인색하고 남들을 잘 웃길 줄도 모르는 사람이 유머강사가 되겠다고 결심하는 일은 없어야 한다. 평소 패션 감각이 좋고 트렌드에 관심이 많다면 이미지 메이킹 분야를, 기업경영과 세계의 리더들에 대해 관심이 많았다면 리더십 분야를 선택하는 것이 좀 더 수월할 수 있다.

내가 어떤 콘셉트에 적합한지, 강사로서의 내 이미지는 어느 분야에 잘 맞을지는 혼자서 결정하기 보단 강사 컨설턴트 혹은 강사 교육자들과 충분한 상의를 거쳐 결정하는 것을 권하고 싶다.

⚙ GOOD QUALITY : 명강사의 공통된 요건들

1. 모범적인 인격

강사들은 혼자선 존재할 수 없는, 의미 자체가 없는 사람들이다. 단 한 명이라도 들어 줄 사람이 있을 때에야 강사로서의 역할이 주어지는 것이다. 그런데 강사가 단지 강의만 하는 사람이라고 생각하면 안 된다.

강사들은 강의를 통해서 직접적으로, 간접적으로 자신의 가치관과 인품을 청중에게 노출시킬 수밖에 없다. 그래서 강사의 어떤 말들은 청중들에게 좋은 긍정적인 영향을 주기도 하고 부정적인 영향을 주기도 한다. 청중들은 곧 사회의 구성원들이다. 그들이 무엇을 강사로부터 받아들였는지가 곧 사회의 공기가 되고 여론이 되는 것이다.

일부 스타강사들 중엔 인기를 등에 업고 안하무인의 언행을 일삼는 사람들이 적지 않다. 그들은 자기가 최고라는 자부심이 하늘을 찔러서 강의 요청이 오면 "대한민국에서 제가 가장 많은 강사료를 받는 거 아시죠? 그렇게 주지 않으면 저는 강의할 수 없습니다" 하고 큰소리친다. 그렇게 오만불손한 사람들 오래 가는 것 못 보았다.

강사들이 가장 경계해야 하는 것도 '인기'이다. 유명해졌다는 사실에 자기 스스로가 노예가 되면 안 된다. '내가 이만큼이나 유명한데' 하는 아집에 사로잡혀 온갖 폼을 잡다가는 인기도 사라지고 강의도 사라진다.

하지만 이 책에서 언급하고 있는 분들처럼 명강사의 자리를 오래 유지하고 있는 분들은 인격에 있어서도 최고라는 걸 알 수 있다. 그들은 자신

들이 얼마나 잘난 사람들인지에 연연하지 않기 때문에 어떤 청중 앞에서
도 기꺼이 자신들을 낮출 줄을 아는 분들이다. 그들은 권위의식을 가지
고 있지 않기 때문에 권위를 잃지 않았고, 사람들 앞에서 잘난 척을 하지
않았기 때문에 그들이 얼마나 잘난 사람들인지를 인정받을 수 있었다.
많은 사람들 앞에서 강의를 하는 일이 자신을 뽐낼 수 있는 일이라고 착
각하는 사람은 강사가 되면 안 된다.

2. 청중의 눈높이에 맞춘다

빌 게이츠가 일반 대중 앞에서 이해할 수도 없는 컴퓨터 관련 전문 용
어를 섞어가면서 강의를 한다면 누구라도 이런 반응을 보일 것이다.

"뭔 말인지 하나도 모르겠네. 그래, 너 잘났다 잘났어!"

강의가 끝나고 나서 사람들한테 강사의 평점을 매기라면 아마도 낙제
점을 면하지 못할 것이다. 아무리 좋은 내용이라도 청중의 눈높이에 맞
춰 이루어지지 않는다면 그건 이미 쓸모없는 강의가 된다. 청중은 잘난
척하는 강사들을 좋아하지 않는다. 청중에게 포커스를 맞추지 않은 강의
를 하는 강사는 어디에서도 인정받지 못한다.

명강사란 주부들을 앞에 놓고선 주부들의 눈높이에 맞춘 강의를 할 수
도 있고, CEO 대상의 강의를 할 때엔 CEO들에 맞는 강의를 할 줄 아는
사람이다. 그런데 간혹 보면 주부들한테 인기가 많은 강사가 최고경영자
들을 모아 놓고 '목욕탕 수다 떨기식' 강의를 하는 걸 보기도 한다. 그러
면서 반응이 좋지 않으면 그들 탓으로 돌린다.

사람마다 계층마다 선호하는 강의 스타일이 같지 않다는 걸 정확하게 알고 그때그때 상황에 맞게 스킬을 다르게 구사할 수 있는 강사야말로 명강사이다.

3. 적재적소에 유머를 활용한다

어려운 시기일수록 유머의 역할은 더 커진다. 많이 웃겨주는 사람에게 호감이 가는 건 당연한 이치이다.

명강사들은 대부분 뛰어난 유머 기술자들이다. 그들은 한물간 유머로 분위기를 절대로 썰렁하게 하는 법이 없다. 그들은 대부분 자신들만의 자기 스타일의 유머를 구사한다. 때로는 1분의 유머가 주는 효과는 30분의 지루한 강의보다 훨씬 낫다.

명강사들은 자기 강의를 듣는 사람들과 자연스럽게 소통하는 방법으로 유머를 활용한다. 청중을 즐겁게 해 주겠다는 것이야말로 훌륭한 강사들의 미덕이 아닐 수 없다.

내가 저술한 《웃음의 성공학》에서 웃음의 효과에 대해서 이렇게 쓴 바가 있다.

"미국의 홉킨스 병원은 임상실험 결과에서 나타난 웃음의 효과에 대해서 이렇게 말하고 있다. '웃음은 순환기를 청소한다. 혈액순환을 높인다. 혈압을 내려준다. 소화기를 자극한다. 근육의 긴장을 완화한다. 엔도르핀 분비를 늘린다. 스트레스와 긴장, 근심을 해소한다.'"

4. Show의 달인들이다

지금은 '보여주는' 시대이다. 사람들은 아무리 화려하고 멋있어도 같은 화면을 오래 쳐다보지 않는다. 짧은 시간 안에 온갖 드라마틱한 CF에 길들여지고, 화려하고 자극적인 인터넷 정보에 익숙해진 사람들은 지루한 강의는 더욱 참지 못한다. 그리고 5분에 한 번씩 빵빵 웃겨주는 강사들이 속출하면서 강의는 일단 재미있어야 한다.

나는 강사 컨설팅 업체로부터 강사를 소개해 달라는 부탁을 많이 받는다. 그래서 누군가를 말해 주면 그들은 대뜸 이렇게 묻는다. "그 강사 재미있어요?" 어쩔 수 없다. 강의를 듣는 사람들의 피드백은 재미있는 강의일수록 긍정적이기 때문이다.

강의를 요청하는 쪽에서는 당연히 사람들의 만족도를 높이고 싶기 때문에 재미있는 강사를 원할 수밖에 없다. 여기에서의 '재미' 란 여러 가지가 있을 수 있다. 그것은 유머일 수도 있고, 쇼맨십일 수도 있고, PPT와 같은 자료의 활용일 수도 있고, 강의 내용에 포함된 드라마틱한 어떤 이야기일 수도 있다.

그게 무엇이 되었든 명강사들은 청중을 졸게 하지 않는다. 강의를 듣는 내내 청중의 관심을 증폭시키고 눈을 빛나게 한다. 그리고 강의가 끝나고 나서 "뭐야, 시간만 아깝게!" 하는 말이 절대 나오지 않게 한다. 오히려 여기저기 다니면서 "너, 이 사람 강의 들어 봤니? 꼭 한 번 들어 봐. 그 사람 강의를 듣고 나면 뭔가 인생의 전환점을 갖게 될 거야" 하는 지원군이 된다.

100만 돌파, 1,000만 돌파의 영화는 보고 난 사람들의 입과 입을 통해서 만들어지는 영광인 것처럼 명강사의 명성이나 인기는 하루아침에 만들어지는 게 아니다. 강의가 자기 인생에서 즐거움과 유익함을 주었다고 생각하는 사람들의 입을 통해서 이루어진다.

5. 시대를 대변하는 대중의 정서를 리드한다

명강사들에겐 대부분 대표 강의 주제가 있다. 그 주제들은 항상 그 시점에서 대중에게 가장 필요한 가치를 담고 있다. 대중이 관심을 보이지 않는 주제로 성공한 강의는 없다. 그리고 대중이 이미 익숙하게 잘 알고 있으며 트렌드의 타이밍이 지나간 강의 또한 외면 받는다. 청중은 변화에 예민하다. 앞서가는 것이 아니라고 생각하면 금방 심드렁해진다.

그렇다면 명강사들은 어떤 주제들로 청중의 까다로운 기호를 만족시켜 주었을까? 그들은 시대를 대중보다 조금 더 앞서 생각할 수 있었기 때문에 선택받은 사람들이라고 할 수 있다. 명강사들은 대중의 정서를 따라가는 사람들이 아니다. 그들은 대중이 내일 무엇을 필요로 할 것인가를 어제와 오늘 생각해서 내일의 비전을 제시해 주었던 사람들이다. 그래서 대부분의 명강사들은 뛰어난 전략가이자 비전 제시자들이라고 할 수 있다.

6. 대표 강의 혹은 대표 저서가 있다

명강사들에겐 타의 추종을 불허하는 명강의가 있다. 예를 들어 사람들은 '박재희'라는 이름을 들으면 손자병법을 떠올린다. "아, 손자병법 강의하시는 분!" 명강사들은 그 사람의 이름이 브랜드가 되어 이름과 함께 붙는 대표 강의 혹은 대표 저서들이 있기 마련이다. 어떤 강의에 관한 한 독보적인 존재 혹은 리더라는 평판을 들을 수 있어야 한다.

누군가 사람들과 대화 중에 "참 그 이름이 뭐더라? 내가 엊그제 강의를 들었는데, 잘 노는 사람이 성공한다는 내용이던데 그 사람 괜찮더라"라고 했을 때 분명 누군가는 "아, 김정운 교수!"라고 말할 것이다.

명강사들은 강의와 자신들의 출판물을 통해 여러 통로를 통해 검증받은 사람들이다. 자신의 저서 한 권 없이 명강사로 불리는 사람은 아직 보지 못했다. 강사에게 책은 자기 목소리인 동시에 또 다른 강의안이기 때문이다.

7. 이름이 자기 브랜드인 1인 기업 경영자들이다

'1인 기업'이란 자신을 전문 서비스를 제공하는 주식회사의 개념으로 정의하고 고객을 위한 최고의 가치를 제공하는 것을 말한다. 자신이 하나의 매출을 창출해 내는 능력을 가지고 있으며 실제로도 이익을 내어야 1인 기업이라고 할 수 있다.

1인 기업이란 개념을 처음으로 정의하고 실천해 보인 사람은 미국의 경영학자 톰 피터슨이다. 그는 1983년에 《초우량 기업의 조건》이란 책을 쓰고 강연과 저술활동을 통하여 자신의 이론을 증명해 보였다. 톰 피터스는 1인 기업을, 고객에게 최고의 서비스를 제공해야 한다는 점에서

PSF(Professional Service Firm), 즉 프로페셔널 서비스 회사라고 정의하고 있다.

공병호 소장의 경우 '공병호경영연구소'라는 1인 기업을 만들고 강연과 저술활동을 통하여 성공적인 모델을 만들어냈다. '구본형 변화경영연구소'의 구본형 소장도 마찬가지의 활동으로서 1인 기업의 모범적인 케이스가 되었다. 개인이 브랜드가 되어 강연과 저술활동을 통해 끊임없이 창조적인 활동을 하면서 적지 않은 매출을 창출해낸다는 점에서 명강사들은 이미 전략적 1인 기업가들이라고 할 수 있다.

8. 청중과 교감한다

영화 〈아바타〉를 보면 판도라 행성의 나비족 사람들은 식물과 동물들과의 교감을 매우 중요하게 생각한다. 그러면서 함께 공존하는 자연의 이치를 실천하는 것이다.

명강사들도 마찬가지이다. 그들은 일방적으로 혼자만 떠들고 내려오는 강연은 하지 않는다. 청중들의 몰입도, 반응, 분위기 등을 순간순간 읽어냄으로써 자신의 강의의 완급을 조절하거나 중요한 순간에 긴장감을 더하기도 하고 관심을 증폭시킬 만한 타이밍을 잡기도 한다.

명강사들은 대부분 자신들의 입으로 "여기 좀 주목하세요" "졸지 마세요" 등의 말을 하지 않는다. 청중이 알아차릴 수 없을 정도로 자연스럽게 청중의 관심을 끌어들인다. 훌륭한 강사일수록 청중과의 교감을 중요하게 생각한다.

9. 청중을 장악하는 그들만의 스킬이 있다

청중의 반응에 일희일비하는 강사는 청중에게 끌려다닐 수밖에 없다. 명강사들은 청중이 따라오게 하는 카리스마를 가진 사람들이다. 그들은 부드러우나 결코 가볍지 않고, 그들은 권위를 가지고 있으나 그것을 휘두르지 않는다. 명강사들은 부드러움과 강함의 두 칼을 모두 품고 있다가 적재적소에 잘 휘두를 줄 알아야 한다.

청중과 강연장을 장악하지 못하는 강사는 강연 내내 청중의 반응에 자신의 페이스를 잃고 헤매게 된다. 하지만 명강사들은 청중을 다루는 자신들만의 스킬이 있다. 그래서 그들은 청중을 울리고 웃기면서 자신에게 몰입하도록 한다.

⚽ BAD : 강사의 금기사항들

1. 나쁜 시간관념

강의 시작시간을 정확하게 지켜야 한다. 끝나는 시간도 마찬가지이다. 5분 더 한다고 열심히 하는 강사로 비치는 게 아니라 시간을 끄는 강사로 보일 수 있다. 중간에 휴식시간을 너무 길게 주는 것도 안일해 보인다. 강사가 자기에게 허용된 시간을 어떻게 처리하느냐에서부터 강사에 대한 판단은 시작된다.

2. 빼딱한 자세와 권위적인 태도

강사와 청중은 대등한 관계이다. 청중을 존중한다는 의미로 지나치게 굽실거릴 필요도 없지만 무례한 태도는 더욱 보여선 안 된다. 내가 얼마나 잘난 사람인지는 태도로 보여주는 게 아니다. 강의를 잘하면 권위는 저절로 인정받게 된다. 청중들이 불쾌하게 받아들일 만한 고압적인 태도는 모두 버려야 할 나쁜 태도이다.

3. 불량한 언어

강사는 언어로 모범이 되어야 하는 사람들이다. 자신이 얼마나 젊은 생각을 가진 사람인지를 보여 주기 위해 십대들의 비속어를 따라할 필요는 없다. 어떤 언어 습관을 보여주는지가 곧 그 사람의 생각이다. 가볍고 속된 언어는 강사를 가볍고 속되게 만들어 줄 뿐이다.

4. 전문 용어와 영어의 남발

아무리 똑똑한 공학박사도 청중 앞에서 강연을 할 때엔 자기만 아는 전문 용어를 버려야 한다. 간혹 피치 못하게 써야 할 경우라면 정확한 구사와 설명을 해야 한다.

"이 정도는 다 아는 거잖아요?" 하는 식으로 전문 용어와 영어 남발하지 마라. 청중들은 그런 강사에게 똑똑하다고 감탄하는 게 아니라 반감을 갖는다.

5. 불분명한 정보

어떤 지식이나 정보에 대해 강사가 확인하지 않은 사실을 말하는 건 매우 위험하다. 그걸 들은 청중은 무조건 사실이라고 믿기 때문이다.

예를 들어 강사가 청중 앞에서 자살과 출산 문제를 언급하면서 "지금 대한민국은 자살률이 세계 1위에요. 그런데 출산율은 세계 꼴찌에요. 자살하는 사람은 자꾸 늘어나는데 태어나는 사람은 오히려 줄어든다는 거죠"라고 했다고 치자.

이 강사는 단순히 우리나라의 자살률 증가와 출산율 저하 문제를 강조하기 위해 그렇게 말할 수 있지만 사람들은 그렇게 생각하지 않는다. 그것은 기정사실이 되어 다른 사람들에게 "너 그거 알아? 우리나라가 자살률은 1위이고 출산율은 세계 꼴찌래" 하고 전해진다. 그런데 그게 틀린 정보라는 게 드러나는 순간 그 강사가 한 다른 말들도 신뢰를 잃고 만다. 강사의 말은 파급효과가 크다. 분명해야 하고 거짓되지 않아야 한다.

6. 종교적 발언

강사는 자신의 종교관을 다른 사람에게 간접적으로라도 내비치지 말아야 한다. 종교에 관한 어떤 차별적 발언도 하지 않는 건 강사의 기본 소양이다.

7. 지역감정 유발

강사들 중에는 은근히 자신의 출신 지역에 대한 편애적 발언을 하기도 하고, 특정 지역에 대한 편견을 조장하기도 한다. 청중은 그런 말을 들으면서 동요를 하게 되고 강의에 집중할 수 없게 된다.

8. 정치적 색깔

정치성은 민감한 사안이라 자칫 논쟁을 야기할 수 있다. 가끔 선거철이 되면 어떤 강사들은 은연중에 자신이 지지하는 당이나 특정 인물에 대해 청중의 관심을 유도하기도 한다. 청중은 강사가 공정한 사람이 아니라고 생각하는 순간 강의에도 호의를 갖지 못한다. 강사는 자신의 정치색을 청중에게 드러내서도 안 되고 강요해서도 안 된다.

9. 사적인 넋두리와 감정 노출

강사가 된 사람들 중에는 어려운 환경을 극복한 사람들이 많다. 그러다 보니 강의 중에 그런 이야기를 털어놓을 때도 있다. 하지만 감정에 몰입한 나머지 강의 주제에서 벗어나 하소연이나 넋두리가 되기도 한다. "저 강사, 왜 저래? 자기 혼자 감정 잡고 눈물 흘리고 난리도 아니군" 하는 소리를 듣는 강사가 명강사 소리를 듣는 일은 절대로 없다. 강사는 모름지기 감정 절제를 잘 해야 한다.

10. 타 강사의 험담

강사들끼리는 보이지 않게 선의의 경쟁 심리가 있다. 누가 어떤 강의로 뜨고 있다든지, 누가 강의 콘셉트를 바꾸고 반응이 좋다든지 하는 이야기들에 늘 귀를 열어두고 있다. 특히 비슷한 콘셉트로 강의를 하는 강사들끼리는 경쟁의식이 더 팽팽하다. 서로 강의를 나눠 갖는 입장이기 때문이다.

내가 상대방보다 우위에 있기를 바라는 건 당연하다. 그러다 보니 청중 앞에서 "저와 같은 주제로 강의하시는 분 중에 P모라고 있어요. 그 사람이 여기저기 다니면서 자기가 이 분야의 1인자라고 한다는 소리를 들었는데 그건 날조에요. 그 사람 저한테 강의 듣고 강사 된 사람이에요." 하는 경우도 있다. 타인의 험담을 하는 건 내 위신을 깎아먹는 일이라는 걸 알아야 한다.

강사들은 끊임없이 자신의 현재를 점검해야 하며 내일을 위한 준비를 해야 한다. 그리고 무엇보다도 스스로에게 묻고 답하는 시간들을 통하여 실패 없는 강연을 만들어가야 한다. 그런 점에서 끝으로, 강사들이 어느 시점에 어떤 물음을 가져봐야 하는지 함께 생각해 봤으면 좋겠다.

`Questiion 1` 강의 요청을 받았을 때 나에게 점검할 물음들

- 요청 받은 강의 주제는 나에게 익숙한 것인가?
- 강연기획자와 순조롭게 의사를 주고받았는가?
- 나와 맞지 않는 강의를 강사료 때문에 수락하지는 않았는가?

- 지금 나는 강의를 할 수 있을 정도로 몸과 마음이 쾌적한가? 강의 중에 마음의 동요를 일으킬 만한 일이 현재 없는가?

- 나는 이 강의를 멋지게 할 자신이 있는가?

Questiion 2 **강의를 시작하기 전에 나에게 점검할 물음들**

- 강의안이 제대로 만들어졌는가? PPT 내용은 다시 확인하였는가?

- 청중에 대해 사전에 공부는 해두었는가? 내가 어떤 사람들 앞에서 강의할 것인지 나는 충분히 인지하고 있는가?

- 강연 장소에 관한 정보를 미리 알아두었는가? 스피커의 위치, 마이크 상태, 강연 위치와 강사들의 거리는 강연 시작 30분 전쯤에 점검해두었는가?

- 나는 강의 콘셉트와 강연 환경에 적합한 스타일을 갖추고 있는가?

- 강의를 듣는 청중에게 좋은 평가를 받을 자신이 있는가?

Questiion 3 **강의를 마치고 나서 나에게 할 물음들**

- 나는 충분히 청중과 교감하였는가?

- 나는 최선을 다하였는가?

• 다음 강의를 위해 개선해야 할 사항이 있다면 무엇인가?

• 청중의 피드백에 소홀하진 않았는가?

• 나는 청중에게 즐거움을 주었는가?

• 나는 청중에게 영향을 줄 수 있는 강의를 했는가?

• 강의를 들은 청중이 나에게 어떤 평가를 내릴 거라고 예측되는가?

Questiion 4 내 강의안에 대한 물음들

• 내 강의안은 낡지 않았는가?

• 신선하고 트렌드에 맞는 강의안을 만들기 위해 늘 연구하는가?

• 내 강의안은 충분히 독창적이며 개성이 있는가?

• 내 강의안은 사람들의 관심을 끌 만한 매력적인 내용을 담고 있는
가?

• 내 강의안은 다른 강사들과 중복되거나 유사한 패턴을 가지고 있지
않는가?

• 강의안만으로도 강연기획자들의 관심을 끌 수 있는가?

부록 ②

이 강사를 주목하라
명강사 베스트 62

이 강사를 주목하라
명강사 베스트 62

(※이름은 가나다순)

01 강선희

레크리에이션 지도사

문화유적 해설사

한문 지도교사

연락처 : 02-2615-4612/010-4512-3638

이메일 : koksh56@hanmail.net

02 강혜미

한국교육개발원 체육학 학사학위

레크리에이션, 웃음치료

연락처 : 019-401-2842

이메일 : kkang8232@hanmail.net

03 강환영

FATHER'S 리더십

인간경영 리더십

서비스와 예절(매너)

연락처 : 016-212-5668

이메일 : peterkwy@korea.com

사이트 : www.wowpassion.co.kr

▣04 고연우

춤동작 치료사

다이어트 코치

연락처 : 010-6400-8858

이메일 : aura9926@naver.com

▣05 곽동근

에너지 프렌드 대표

조직 활성화를 위한 액션팀 빌딩

펀 경영&펀 리더십

연락처 : 010-6295-2511

이메일 : cmi@dreamwiz.com

사이트 : www.ohye.co.kr

▣06 김고희

임지향 미술치료센터 경기지부 센터장

혼자맘 자녀 미술치료

연락처 : 010-6226-8108

이메일 : 3394445@hanmail.net

07 김광용

웃음치료 전문가

레크리에이션

아버지학교 강사

연락처 : 010-5286-2802

이메일 : kgy6410@hanmail.net

08 김나현

생로병사에 따른 라이프 플랜

인생 라이프 플랜 설계

연락처 : 010-5310-9545

09 김상근

나사렛대학교 방송미디어학과 교수

방송과 미디어 관련 강의

유머 커뮤니케이션 분야 강의

연락처 : 011-708-1010

이메일 : lucky77@kbs.co.kr

10 김성걸

초이스토웰컨설팅(CMOE Korea) 전문코치

크리스토퍼 리더십 강의

연락처 : 017-243-9886

이메일 : sunggul@yonsei.ac.kr

11　김연옥

(사)한국NLP 전문 트레이너

한국 NLP웃음 트레이닝센터 이사

한경 펀 센터 행복강사

연락처 : 016-9226-6569

이메일 : kyo6569@naver.com

12　김윤환

기독교대한감리회 소속 목사

리더십 강의

글쓰기 지도

연락처 : 010-5235-3892

이메일 : poemreview@hanmail.net

13　김인주

고객만족경영/CS 행정혁신 서비스

서비스마케팅

커뮤니케이션 스킬/프리젠테이션 스킬

연락처 : 042-866-0425/010-5616-2111

이메일 : injookim@hanmail.net

14　김점옥

웃음 건강학

유머 커뮤니케이션

치료 레크리에이션

연락처 : 010-9142-8800

이메일 : kimok1004@yahoo.co.kr

15 김태연

CS Clinic/고객서비스 교육

리더십/조직 활성화 과정

연락처 : 02-565-9759/010-6376-9366

이메일 : 01063769366@hanmail.net

사이트 : www.co-main.com

16 김혜나

이미지 컨설턴트

인상 연구가

강의 코칭 및 보이스 컨설팅

연락처 : 02-3445-9841/010-5380-0869

이메일 : kkimage@hanmail.net

17 문영미

이미지 컨설턴트

스피치&커뮤니케이션 전문가

연락처 : 010-3157-5779

이메일 : happy_cs@kyobo.co.kr

18 문정이

리더십 강의

서비스 마인드

보이스 트레이닝

연락처 : 070-8292-5715

이메일 : moontoki@hanmail.net

19 박동철

펀 경영 리더십

스팟 기법

스트레스 관리

연락처 : 016-552-0503

이메일 : recpark@hanmail.net

사이트 : cafe.daum.net/recpark

20 박대선

진정한 부자되기

개인 코칭, CEO 코칭

꿈사진 디자이너

연락처 : 010-4495-8880

이메일 : 31cfp@naver.com

21 박미현

노래 지도

웃음 치료

연락처 : 02-517-7942/011-245-1330

이메일 : gracepark1330@hanmail.net

22 박상규

한경아카데미 웃음&감성리더십 협력 강사

펀 경영&감성리더십, 유머 레크리에이션

연락처 : 010-5154-8045/02-738-4899

이메일 : ps5687@hanmail.net

23 박은규

스팟 아이스브레이킹 강사

국제 공인 NLP 마스터 프랙티셔널

예술동작치료 테라피 전문가

연락처 : 02-3477-6215~7/010-2838-4370

이메일 : smile2223@hanmail.net

사이트 : www.padoin.co.kr

24 박인옥

유머플러스센터 소장

유머강사

연락처 : 019-443-0069

이메일 : ao-happy@hanmail.net

사이트 : cafe.daum.net/humorplus

25 박종진

재무설계(은퇴설계, 상속설계, 투자설계, 보험설계 등) 강의

국제공인 재무설계사, 증권 투자상담사

연락처 : 010-3734-1685

이메일 : best-cfp@hanmail.net

26 박진기

리더십 강의

부부관계 상담

의사소통과 청소년 이해

연락처 : 018-314-0093

이메일 : cw2004@hanmail.net

27 방우정

전문강사이자 방송인

전국 이벤트MC협회 초대회장

유머 전문강사

연락처 : 011-541-0888

이메일 : mcbang88@hanmail.net

28 배미주

CS/글로벌비즈니스 매너

커뮤니케이션과 이미지메이킹

DISC 행동유형별 고객응대 기법

연락처 : 010-6398-5354

이메일 : imiso@hanmail.net

29 백보경

웃음을 통한 고객 만족 서비스

인생을 바꾸는 웃음전략, 성공적 삶을 위한 이미지 트레이닝

연락처 : 010-6785-7875

이메일 : happybbk@paran.com

사이트 : cafe.daum.net/laughter15

30 서지국

자신감과 행동력 교육

영어학습법 노하우

웃음치료, 레크리에이션

연락처 : 010-9118-1461

이메일 : chullpan@hanmail.net

31 송영수

스피치 기법(성공대화술)

건강기공 및 태극권

연락처 : 02-2646-6753/010-3907-6753

이메일 : sys6753@hanmail.net

32 송수용

핵심리더의 리더십과 실행력

셀프 이노베이션

비즈니스 차별화 마케팅 전략 강의

연락처 : 010-3873-4717

이메일 : ssy6447@hanmail.net

사이트 : www.humancaring.net

33 안상경

서비스를 치료하는 사람들 원장

병원코디네이터 서비스 교육

연락처 : 031-761-9951/010-2802-9776

이메일 : aksu777@hanmail.net

사이트 : www.sertp.com

34 여정미

심리상담사, 에니어그램 강사

드라마 작가, 글쓰기 지도

연락처 : 010-3244-4885

이메일 : candy-23@hanmail.net

35 유남실

강의기법&코칭

펀&감성리더십 코칭(동기 부여, 커뮤니케이션 화법)

직장 CS교육, Fun&성격 및 성향 롤플레잉

연락처 : 032-429-6250/010-5759-6464

이메일 : namsil2002@hanmail.net

36 유대원

(주)한국센터링 대표컨설턴트

셀프 리더십 강의

조직관리 관련 강의

연락처 : 070-7011-4542/010-8224-5550

이메일 : yootech@naver.com

37 유재흥

펀 리더십, 펀 경영

직장인의 마인드 업그레이드

연락처 : 011-514-3401

이메일 : yoojh3401@hanmail.net

38 유화춘

춤 세러피(춤 치료)

웃음치료와 레크리에이션

연락처 : 010-9267-8480

이메일 : doistdance@dreamwi.com

39 이병준

가족관계(부부관계) 상담

파란리본(Re-Born)카운슬링&코칭 대표

연락처 : 070-8231-4287/010-5358-6784

이메일 : ddr3651@hanmail.net

홈페이지 : cafe.daum.net/bluereborn

40 이상미

보이스 훈련을 통한 스피치 전달력 강화

보이스 액팅을 통한 감성 설득

커리어 이미지 연출법

연락처 : 010-8865-8035

이메일 : neovoice32@paran.com

사이트 : blog.naver.com/neovoice32

41 이선우

치료 레크리에이션 지도사

청소년 성교육/성상담 전문가

행복한 웃음문화원 원장

연락처 : 02-487-5532/011-784-1195

이메일 : sunrec@naver.com

42 이성구

레크리에이션, 노래교실 강사

유머화술 지도

연락처 : 011-577-4193

이메일 : 631-4193@hanmail.net

43 이성미

웃음치료

레크리에이션 지도

연락처 : 010-7222-4309

이메일 : callmi@dreamwis.com

44 이솔잎

한국유머웃음치료학회 교육분과위원장

스펀지 교육연구소 부소장

용문상담심리대학원 심리웃음치료 및 행복코칭

연락처 : 010-8505-2168

이메일 : cutty2168@hanmail.net

사이트 : cafe.naver.com/sfungee

45 이수풀

산림인력개발원 강사

대한민국 숲 치유사 1호

연락처 : 010-8893-9056

이메일 : esupul3@hanmail.net

46 이수희

휴멘토 대표이사

멘토링 코칭, 멘토 리더십

한국방송통신대학교 멘토링 자문위원

연락처 : 070-7893-3322/010-8949-9196

이메일 : blue1730@gmail.com

사이트 : www.humento.co.kr

47 이왕별

댄스스포츠, 파티댄스 강사

왕별 댄스스포츠 대표

연락처 : 02-3477-6888/010-4342-6888

이메일 : dancesports@hanmail.net

48 이호상

lleeway 리더십 센터 대표이사

생애 카운슬러 겸 자녀교육 상담전문가

비즈니스 컨설턴트 겸 성공학(부자학) 강사

연락처 : 053-257-3875/010-9982-1177

이메일 : lleeway@naver.com

49 이희정

커뮤니케이션 스킬

리더십 강의

스토리텔링을 이용한 세일즈 스킬

연락처 : 010-4714-6257

이메일 : rina512@korea.com

50 임수나

노래 지도

MC 행사 진행

레크리에이션

연락처 : 011-9076-7038

이메일 : imsuna1961@naver.com

사이트 : cafe.daum.net/you338

51 임영숙

리더십 강의

학습 코칭

연락처 : 062-383-4378/017-606-4378

이메일 : fivedia@hanmail.net

52 전승훈

펀 리더십 강의

파워 유머 강의

연락처 : 02-2068-2088/011-282-5840

이메일 : joke114@hanmail.net

사이트 : www.selfevent.com

53 정명숙

요가 지도자 과정 운영

웃음요가 강의

KISS(주) 신나는조직개발그룹 전문강사

연락처 : 019-654-3141

이메일 : wjd3141@hanmail.net

54 차경환

성현메디텍 대표이사

금연, 절주, 건강 관련 강의

연락처 : 02-455-2142/011-226-9913

이메일 : shmedi@hanmail.net

사이트 : www.shmedi.net

55 최만호

유머와 화술

자기변화를 위한 화술과 유머기법

연락처 : 011-525-4526

이메일 : openqchoi@hanmail.net

사이트 : blog.naver.com/openqchoi

56 최재웅

리더십, 자기혁신

경영 시뮬레이션(Marketplace)

연락처 : 02-2484-0675/010-2484-0675

이메일 : joe@paulnmark.com

사이트 : www.paulnmark.com

57 최진선

웃음치료, 금연전문교육

연락처 : 02-455-2142/010-6234-6131

이메일 : cjsgis@hanmail.net

사이트 : www.shmedi.net

58 하지은

웃음치료법 & 레크리에이션

템플스테이 웃음치료법

연락처 : 010-8604-8568

이메일 : eunyha@empal.com

59 허태근

자녀교육과 교육자 리더십 강의

웃음치료와 U&I 성격 유형에 따른 인간관계 개선

연락처 : 02-2060-9090

이메일 : htk5141@hanmail.net

사이트 : cafe.daum.net/htk5141

60 현원정

펀앤이미지 대표

이미지메이킹, 커뮤니케이션 스킬

연락처 : 02-518-2199/010-6557-1613

이메일 : hwj1003@hanmail.net

사이트 : www.ffimage.com

61 황순귀

CRM(고객관계관리)

고객만족과 코칭리더십

리비젼 아카데미 원장

연락처 : 02-415-7650/011-9773-7650

사이트 : cafe.daum.net/revisioncrm

62 황태옥

황태옥 웃음연구소 소장

웃음치료사

연락처 : 017-525-2782

이메일 : hytok1@naver.com

중앙경제평론사
중 앙 생 활 사

Joongang Economy Publishing Co./Joongang Life Publishing Co.

중앙경제평론사는 오늘보다 나은 내일을 창조한다는 신념 아래 설립된 경제 · 경영서 전문 출판사로서 성공을 꿈꾸는 직장인, 경영인에게 전문지식과 자기계발의 지혜를 주는 책을 발간하고 있습니다.

변화와 소통의 성공학

초판 1쇄 발행 | 2010년 7월 27일
초판 3쇄 발행 | 2010년 11월 15일

지은이 | 강진영(Jinyoung Kang)
펴낸이 | 최점옥(Jeomog Choi)
펴낸곳 | 중앙경제평론사((Joongang Economy Publishing Co.)

대   표 | 김용주
책 임 편 집 | 범수미
본문디자인 | 신경선

출력 | 국제피알 종이 | 한솔PNS 인쇄 · 제본 | 태성문화사

잘못된 책은 바꾸어 드립니다.
가격은 표지 뒷면에 있습니다.

ISBN 978-89-6054-071-2(13320)

등록 | 1991년 4월 10일 제2-1153호
주소 | (우) 100-789 서울시 중구 왕십리길 160(신당5동 171) 도로교통공단 신관 4층
전화 | (02)2253-4463(代) 팩스 | (02)2253-7988
홈페이지 | www.japub.co.kr 이메일 | japub@naver.com | japub21@empal.com
♣ 중앙경제평론사는 중앙생활사 · 중앙에듀북스와 자매회사입니다.

Copyright ⓒ 2010 by 강진영
이 책은 중앙경제평론사가 저작권자와의 계약에 따라 발행한 것이므로 본사의 서면 허락 없이는 어떠한 형태나 수단으로도 이 책의 내용을 이용하지 못합니다.

▶ 홈페이지에서 구입하시면 많은 혜택이 있습니다.

※ 이 도서의 **국립중앙도서관 출판시도서목록(CIP)**은 e-CIP 홈페이지(www.nl.go.kr/cip.php)에서 이용하실 수 있습니다.(CIP제어번호: CIP2010002325)